鼎談

なぜ子どもたちは生きづらいのか

「いま」を生き抜くためのヒント

天童荒太
高橋良臣
川場哲也

金剛出版

はじめに

学校とはある意味、社会の波や流れに大きく左右される舞台なので、筆者が学校現場での実践に就いてから二五年間さまざまなトピックが教育現場で話題になってきた。この鼎談では学校だけのテーマに偏っているように思われるが、今の学校化社会では職場や家庭でも重なるテーマばかりであろう。

鼎談者の天童荒太さんと「昭和期の家庭内暴力」について考察したことが、じつは鼎談の端緒である。昭和三〇年代から「山の手型家庭」において「家庭内乱暴児」という言い方で家族へ執拗に暴力をふるう一〇代の若者が認知されてきた。平成の一桁年代まで命の取り合いに至るほどの事件が起こった。

日付けは飛んでコロナ禍において一〇代の若者とその家族はどのように過ごしているのだろう。それらモチーフを基にプロットを作り、おおまかなイメージを鼎談者に共有してもらってから臨んでいただいた。

収録は令和三年二月二日と二月九日の二回に分けて行われた。

川場哲也

目次

はじめに …… 3

I 理解編――時代をまたぐ、普遍的な子どもたちの生きづらさ …… 7

生きる意味 …… 9
一〇代へのバッシング …… 30
自殺の真の原因とは …… 37
農作業をめぐって …… 50
好きなことがもたらすこと …… 60

II 現状編――コロナ禍がもたらしたこと …… 69

コロナ禍が顕在化させたこと …… 71
性教育の必要性 …… 76
孤独と孤立の違い …… 83
コミュニケーション能力と人間関係 …… 89
フリースクール …… 101

サバイバルの方法……106
個性……111
空気を読む時代……115
詰め込み教育……120

Ⅲ　対応編――サバイバルのためのツールを探す……131

子どものシェルターを求める親……133
自己肯定感の低さ……140
サバイバルツールとしての別の学校……150
職業選択の幅……156
国のデザインにかかわる教育……169
経済問題……176

Ⅳ　鼎談を終えて……183

今の子どもたちは何が生きづらいのか●川場哲也……185
鼎談のあと●高橋良臣……192
いつだって子どもたちは生きづらい●天童荒太……193
おわりに……203

I 理解編

時代をまたぐ、普遍的な子どもたちの生きづらさ

川場：私は二五年間公立、私立の小・中・高等学校の支援職として従事してまいりました。あくまでも学校をサポートする役割として、児童・生徒を見守ってきました。また親や保護者と直接会って解決に向けて一緒に悩んできました。私自身は教員の資格も免許も持っておりません。

私なりに鼎談者のお二人を紹介させていただきますと、天童荒太さんは人間の性（さが）や社会のしがらみ、そこでもがいている人間、あるいは立ち向かっていく人間のしたたかさや想い、痛みや苦悩を描いてきた方とお見受けしています。そのような表現を通して、とくに若い人に向けてエールを発信されています。また東日本大震災では、天童さんは現地へ行ってたくさん取材されてきたことを伺いました。そして被災地を舞台やテーマにした作品を上梓されています。私は二〇一一年の五月から激甚被災校へ緊急派遣されていたので、被災地の話を聞きたいとご紹介を受けたことが天童さんとのご縁です。

高橋良臣さんは、一九八〇年代から登校拒否・不登校の児童・生徒を支援されてきました。各地で親の会を立ち上げて、山梨県甲斐岩間町で廃校になった小学校をお借りして、子どもやその親のための合宿施設を立ちあげました。またフリースクールの嚆矢となる自主型教室「好文堂」という名前の学び舎を東京の蒲田近郊で開いていました。もともと高橋さんは獣医師であることから、日本障がい者乗馬協会などを通じて、アニマルセラピーも実践されてきました。私も学生時代は山梨の合宿施設「大須成学園」にお手伝いに行って、子どもたちと寝食を共にしたり、「好文堂」教室に顔を出して、子どもたちと関わらせていただきました。

私が支援職として従事した一九九〇年代は、義務教育学校の不登校が当時の文部省の報告では一〇万人を超えて、マスコミの話題になっていました。一九九七年には不登校児童・生徒の数が義務教育校で一三万人に上り、世間を騒がせたいくつかのいじめ事件と相まって、スクールカウンセラーというスタッフが教育現場に投入される試みが始まっていました。

現在不登校に関しては、文部科学省「平成二九年度児童生徒の問題行動不登校等生徒指導上の諸問題に関する調査」の結果では、不登校の小・中学生は平成二八年度において一四万四、〇三一人をカウントしています。そして平成三〇年度の同調査では一六万四、五二八人、さらに令和元年度は一八万一、二七二人にのぼりました。前年比約一〇%前後の増加傾向になっていて、コロナ禍において、今後どのような結果になるのか、まだ分かりません。

さて、お二人とも若い人の心模様について多くのメディアで表現されたり、取材を受けてこられました。コロナ禍をきっかけとして、何が顕在化し始めたのか、鼎談を通じて生きづらさをテーマに意見を伺いたいと思います。

かつては青少年という言い方もありましたけれど、若い人という言い方はあまりにも漠然としていて定義が広すぎると思います。高橋さんや私が関わってきた相手はもっぱら義務教育や高等学校の学齢ですから、この鼎談で対象とする方は若い人の中でも、小学生から高校生までのだいたい一〇代の児童・生徒に絞って考えたいと思います。

まず先ほど申し上げた「児童生徒の問題行動不登校等生徒指導上の諸問題に関する調査」結果に加えて、気になるデータが発表されています。厚生労働省の「令和元年度版自殺対策白書自殺対策意識調査」によれば、一〇歳から三九歳までの死因は一位が自死・自殺です。そして二〇一九年三月に行われた「日本財団第三回自殺意識調査」によれば、自殺未遂者推定は五三万五、〇〇〇人を数えるといいます。これらは、三〇代までの方を対象として含めています。

また今回のコロナ禍で中学生・高校生の自殺者数が数倍に上るであろうと推定されています[注1]。

中高年の自殺理由は男性が経済的理由、女性は健康的理由とわりあい相関関係がはっきりしています。「デフレは人の命を奪う」と言われますが、中高年男性の自殺の高さの理由については、生命保険という商品と関係があるという論考もあります。いずれにしても、これらのデータを突き合わせて見る限りでは、私は今どきの若い方の生きづらさというものが何かある印象を拭いきれません。ただし、学齢期の不登校やいじめの認知件数の高まりが、二〇代の若者の自殺未遂者数の増加と何らかの関係があるかどうかは慎重に捉える必要がありますが……。このあたりから生きづらさ

（注1）清水康之「コロナ禍における自殺の動向――一〇月の自殺急増の背景について――」令和二年一一月二一日　いのち支える自殺対策推進センター発表（https://www.mhlw.go.jp/content/12201000/000707293.pdf）
また、読売新聞朝刊三二面二〇二一年一月二二日付

ということについて考えてみたいと思います。

天童：今回の鼎談のタイトルは当初『今の子どもたちはなぜ生きづらいのか』というものでしたが、それをもらったとき、個人的に「生きづらさを感じることは悪いことなのか？」というのが、まず一番に心に浮かびました。

つまり今の学校教育をはじめ、社会全体の枠組みを作っているものは、政治であり、経済界であり、どちらも利益追求を一番の目的としている機構であり、組織であるわけです。その中心にいる、いわゆる権力を持っている大人たちが、自分たちの都合が良いように変更してきた社会及び学校教育の枠組みと内容に対して、若い世代が生きづらさを感じたり窮屈さを感じたりするのは、ごく当たり前ではないか。それが通常の感覚であろうと私は思っています。

天童荒太氏

むしろ感じない方がおかしい。なぜその通常の感覚の持ち主たちが問題とされ、おかしいかもしれないというように語られるのかということに、実は本質的な問題があるのではないか。

もとが歪んでいる現在の状況に対して、若い人が生きづらさを感じたら、それを問題があるとして、歪んでいる枠の中へと戻そうとする、そのほうがよほど無理があるだろうと思います。

もう一つは、「今の」というところにもちょっとひっかかりました。「そうなのかな、生きづらさを感じるのは今の子どもだけなのか、現代になって生きづらさを感じているのか？　元々生きづらかったんじゃないのか」という意識がある。

私が中高生だった四五、六年前もやっぱり生きづらかった。テストの点数重視の学校がひどく窮屈だった。今ならブラックと呼ばれるだろう理不尽な校則も、中学では体罰も普通にあって、小学校から中学、高校とも管理が厳しかった。それは誰もが敏感に感じ取っていて、仲間うちや生徒間では口にしていましたけれども、仕方がないこととして受け入れていただけのことであって、別に生きづらさ、窮屈さを感じていなかったわけではない。だからこれは、ずっとあり続ける問題であって、生きづらさは常にあるのではないか、というのが私のスタンスです。このあたりから、お話ししていければなと思います。

高橋良臣氏

高橋先生は一九七〇年代、八〇年代くらいからずっと子どもたちの問題に関わっておられますが、やはりその頃から生きづらい子どもたちがいたということですよね。

高橋：はい、明らかにいましたね。今日の鼎談の収録場所となっているここ「登校拒否文化医学研究所」に、そういう子どもたちが来ていました。みんなでまとまって食事をしたり、あちこちの部屋に分散して勉強したりしていました。この部屋でお昼を食べていると、窓から学校が見えるんです。そしていろいろな生徒指導の先生たちが怒鳴っているのが聞こえてくるんです。そうすると「学校の規則だっていうのは知っているけれど、怒鳴んなくたっていいじゃん。怒鳴られたら僕たち本当に息が詰まるんだよ」と子どもが言うんです。生きづらさ、生きることがつらいということは、彼らにとっては息が詰まるということで、本当にもう学校には行きたくなくなるんだろうな、と理解ができたから、「君は真面目にやってきて、それでもつらさを感じているんだから、ここに来てやりたいこと、本当に役に立つことだと思うんだったら、ここでしたらいいよ」ということで、「好文堂教室」をつくりました。私も子育てしている最中だったから、そればかりやっているわけにはいかなかったので、何人もの若いボランティアさんに、その子がやりたいことに付き合ってあげてということをお願いしてきましたね。「学校って、そういうところなんだよね」と言っているボランティアさんがたくさんいました。ですからそういう生きることのつらさを体験してきた、私より一世代も若い人たちが、ここでは共感して子どもたちを見てくれていた、関わってくれていたんだろうなと私は理解しています。天童さんがおっしゃったとおり、生きづらくない時代なんてなかっただろうと思います。

私の時代、はっきり言えば焼け野原の時代、子どもたちは自由に何をやっても文句言われない世界で遊んでいました。その後に、ここから見える隣の中学校ができて、同じような感覚で学校の中を走り回っていると、先生に追いかけられるわけですよ。あの当時は二階建てだったんですけれども、中には二階から飛び降りて足を骨折したなんて子もいたけれども、親も教師も「しょうがないなぁ」で済ませていたんです。今はそういかない。教師の問題だとか、そういうことをする奴が

自主型教室「好文堂」にて

いけないというように悪者探しが始まってしまいます。そういうふうに言われると、当事者である子どもはますます息がしづらくなるんじゃないかな。学校に限らず、組織の中でね。教師としてはそこまで追い詰めるつもりはないけれども、どんどん周りの声がそうなっていってしまっているように思いますね。

実際に不登校になるお子さんというのは、何て言うんだろう、主義とか主張で不登校していたわけじゃなくて、追い詰められた結果行きたいけど行けないというような、すくみとか怯えのようにも僕には見えましたね。教師の罵声が聞こえると、「ビクッ」てしているのを何度も目撃していましたからね。可哀想にと思いました。たぶん親も似たようなことをしていたと思いますよ。というのは、学校に行くことは絶対にいいことだと思っている親が、多い時代でしたからね。最近でもそうかもしれないけれどね。

川場哲也氏

天童：私たちの親世代は、とても「普通」が好きだという印象があります。依存していると言ってもいいくらい。だから世間から後ろ指さされるのをひどく怖がる。学校に行くことはごく「普通」で、世間体も良いことだという規定路線があって、ある程度の偏差値の良い学校に行って、大学を出て安定した職業に就いて自立していくのが問題のない、「普通」の生き方だと思っている。で、親はそういうふうに自立してくれれば、それで十分だと言いながら、できればもっと偏差値の良い学校、もうちょっと良い仕事というように段々欲が出てくるものだと思います。その枠組みは、昔からずっと変わらなくあるということですかね。不登校とか、自殺企図を持ったりする子たちのご両親に、何かそういう枠みたいなものに囚われているのを感じられることがありますか。

川場：その時代その時代、一〇代にとってやはり生きづらさというものがあったと思います。天童さんのおっしゃるとおり、それぞれどの時代も大変だったと思います。

早船ちよ原作『キューポラのある街』という映画がありますが、あれは一九六二年の作品です。あそこで吉永小百合さんが演じているパチンコ店で球出しのアルバイトをしている石黒ジュンは、食料事情や生活環境が影響しているのか中学三年でまだ生理が来ていない。テレビ番組『水戸黄門』

で初代の水戸光圀公を演じた東野英治郎が、今で言うリストラされた職人、辰五郎という父親役を演じている。辰五郎は「ダボハゼの子どもはダボハゼ、中学校を出たら働くんだ」とジュンに怒鳴る。ジュンの母親は飲み屋で働いて家計を支えている。ジュンはやむを得ず働きながら勉強できる定時制高校へ進学する話です。

もとい天童さんのお話を受けてお伝えすると、今の親が中学校とか高校のときは、学歴信仰に基づくレールというイメージがまだ当時はかろうじて保証されていた時代です。親たちとしては、やはり子どもの学歴を高めて社会に巣立ってほしいという想いは今も残っていると思います。それは現在の雇用の構造とか就活の状況からすると、まるで企業が空手形を渡すような、もうレールの終着駅が見えない状況になっているんですが、親や学校関係者の儚い夢がまだタイムラグとして残っているのかなというふうにも私は捉えています。

天童：これはタイムラグの問題なのかということですね。今おっしゃったように確かに大企業を中心として、経済界は自己保存のために、ひとまず社会に対して空手形を切っていると思います。でも一般の親としては「じゃあ他にどんな道がある？」というのが、大きな問題としてあるでしょう。親が学校に行かないで就職はできるのか、通常のレールに乗っからずに社会に適合していけるのか。親が死んだあとも自立して生きていけるのか……というのが切羽詰まった問いかけとしてあるだろうと思います。親の世代も新しい時代に即した子育ての成功モデルがあるわけではないので、旧来の、高学歴イコールより良い人生という成功体験を積み重ねてきた子育てモデルを頼りにするしかないだろうと。私のような仕事をしている人間は特別だと思われるかもしれません。小説や演劇・映画の分野というのは、学歴なんてほとんど意味のない世界です。でも多くの人に出会い、多くの仕事を取材したり、接したりして学んだのは、結局どんな仕事も最終的には学歴なんて意味を成さないということです。その人間にどれだけの技術があるのか、広いあるいは深い視野を持っているのか、あるいは想像力がどれだけ豊かなのかが問われる。けれど、現実に目に見えるのは成績であり、学歴だから、企業を含めて、子どもを育てる新しいモデルがたぶん見えていない。

今のやり方はそのうちきっと破綻するというのは、ちょっと目端が効けば大人の誰もが理解できる。現在の競争社会がこのまま続いていくのはたぶん難しいし、今は非正規雇用が増えてしまって、正規雇用が減って、若い世代の多くが年収二〇〇〜三〇〇万円がいいところみたいなかたちになっている。だから、家庭も持てないんじゃないか、子どもも持てないんじゃないかと、若い当事者たちも理解しているから車も買わなくなっている。非正規雇用を増やすことによって、人件費を減らし、企業利益を上げようと経済界自体が望んできたのに、今この鼎談の一週間ぐらい前に経済界のトップが、「知らぬ間に働く人の収入が減って消費が冷え込んできてしまった」といったたぐいのことを発言している。自分たちが政治に働きかけて進めてきた結果なのに、知らぬ間に不景気になっちゃったみたいなことを口にしてしまっているほど、経済界自身も目端が効かない。自分が社のトップでいる期間の利益が上がればいいという短期スパンでしか、ものを考えられない。

若い人たちが一日八時間働いて、どのくらいの収入を得られれば、余裕のある生活設計ができ、経済がそれによって回り、少子化も解決していくのかという、長期スパンで経済界も政治家も考えることができないので、新しい時代に即したモデルを提示できない。経済界のトップでさえ見えていないものを、普通の親に見えるわけがない。そこにこの大きな問題、今袋小路にどんどん入ってきていることの、一つの要因がある気がしてなりません。

話がそれるかもしれませんが、高橋先生が関わってきたお子さんたちは、基本的には学校が嫌だったのか、親が嫌だったのか、あるいは社会というものの前に立ちすくんでしまっていたのでしょうか。社会というのは、学校を代表とするその先に見えている社会の人間たちを含め、何か暗黒ではないけれど、自分にとってそこに入っていくのが恐ろしいもののように見えていたのか。それとも学校というもの自体が牢獄的で窮屈だったのか。それぞれあるんでしょうが、どういうふうに見えていらっしゃいましたか。

高橋：私がここで会った子どもたちに限られてしまうし、私が今やっているのは主に保健所とか教育委員会の専門相談ですけれども、そういうところで会った子どもたちは、「拒否的否定的依存」というふうに私なりに勝手に言っているんですね。私が作った新しい言葉だけれど、拒否して、否定しているのに、それでも依存するっていう。土居健郎先生たちが言っていたような、どこかに甘えを含んだ、矛盾だらけなんだけれども、そういう拒否的否定的依存というのはずっと持っていたと思うんですね。たとえば僕が「そんなに嫌だったら、私がやっている山梨の大須成学園で、親から離れて生活したらいいじゃないか」と言うんだけれど、「うん」とは言わない。嫌だ嫌だって言いながら親から離れようとしないという、言葉は悪いけれど「君はサディストか?」って聞きたくなるようなことを言っている子もたくさんいました。「学校は嫌だ嫌だ」とすごく言っていながら、結局学校の教師になる不登校の子が多いんですよ。これは驚きますね。彼らは「僕はあんな嫌な教師にはなりたくない。子どものことをわかる教師になりたい」と言っているけれど、中には「他の教師とたいして変わらないいんじゃない?」って、失礼ながら思う人もいます。川場さんもここから出て教師になった人を何人も知っていると思うけれど、彼らのやっていることはほとんど同じなんですね。最初こそ適応指導教室みたいなところで補助教員みたいな役をしているのだけれども、そのうち「こんなんじゃダメだ」みたいな否定が始まっちゃうんですよ。拒否的否定的依存をずっと繰り返しているように、僕には見えちゃうんですね。

天童：学校を嫌だ、きらいだって言っていながら、教師になるという心理的メカニズムは、どういったものなんですかね。

高橋：要するに自分なりの道を、日本的な文化の中では作れないってことを、どこかで暗黙のうちに理解しているんじゃないですか。

私は、世間で名の通った大学を出て、二つ目に入った大学はそこを出たら牧師になるのが当たり前なんだけれども、やってみてこれはどうも違うなということで組織という世界を出て、独立してずっとやってきているわけですよ。自分で道を開いていくしかないんですね。そういうことを、たいがいの人は、やろうとしないだけだと思うんですよね。自分で道を開くってことをたぶんしない。

要するに野望も抱けなければ、大志も抱いていないようなね、そんな気がします。別に僕はあのウィリアム・スミス・クラークの「大志を抱け」を受け継いでるつもりは全然ないけれども、他にないんだったらこれで食べていくしかないだろうと考えました。親父が言った言葉は「お前そんなんで食っていけるのか」ということなんです。その頃はまだ、ものを書いたり、講演で出歩いて食べている人なんて滅多にいなかった。

尾木ママといわれている、尾木直樹さんのところからも、先生が子どもを連れてここに来ましたね。その子が元気になったらすごく喜んでくれたけれども、今尾木さんはやっとそういう教師の枠から外れて、大学の先生をやったり評論家になっているでしょ。いつだったか香川県で偶然会ったときに「この先生はね、何にもとらわれないすごい人なんだよ」って、マスコミの人に言ってくれたけれど、マスコミの人は尾木さんばかりで僕のところには誰も取材に来なかった（笑）。たとえば評論家っていう路線を通るのも、いいかもしれないですよね。

天童：川場さんも、不登校だったけれど教師になられた卒業生の方を知っておられるとのことでしたが、彼らが子どもの気持ちをわかる教師になるというよりは、かつて苦手としていたルーティーン的な教師になっていく、ということは実際にあるわけですか。

川場：教師は実習生や初任者の段階では役割演技をして、天童さんがイメージされているルーティンを身につけていきます。そのあと、中堅になるまで役割取得、つまり指導者としての役割を身体に取り込みます。そして、その教師の生い立ちや赴任した現場先の経験などが積み上がって今度は新しい役割を創造します。その教師なりの色が出てきますね。

私が関わってきた限りでは、「でもしかで就いた」という方はほとんど引退してしまいました。過去の体験から、こういう指導者になりたいという想いで希望される方はいますね。自分がつらい思いをしてきたから、それを学校という現場で子どもたちに役に立てたいっていう人もいると感じています。償いの気持ちも入っているのかわからないんですけれども。

天童：償いって、どういう意味合いなんでしょうか。

川場：なんていうか、自分が学校は嫌いだったとか、親の期待に応えられなかったとか、何かそういう想いを自分が教職とか学校支援職をやることで返していきたいという動機で入っている方も私はお目にかかっています。ただし、人事の目は教職志望者のバイタリティや打たれ強さをみていると感じます。

天童：なにかやっぱり、負い目みたいなものを感じざるを得ないところがあるんですか。親の期待に沿えなかった、学校に行けなかったということで。罪を犯した、に近い精神的な負い目があって、償わざるを得ないという気持ちに追い込まれてしまっているということなんですかね。

川場：ええ、負い目という表現も当てはまっていると思います。たとえば一人親の下で育ったということに対するコンプレックスの強さは他の職種よりも高いと感じます。高橋さんが言われたようにどちらかというと公務員の方の持っている意識というんですか、世間体のようなものが小さい頃より親を通して伝わってきている、そういうプレッシャーの強さを私は感じます。もちろん全員には当てはまりませんが。

天童：なるほど。親御さんの職業ということで、ちょっとプライベートなことをお聞きしますけど、高橋さんのお父さんが「そんなんで食っていけるのか」とおっしゃったお話が、私の中の琴線に触れたのですが、お父さんはどんな職業をされていたんでしょう。

高橋：父は軍人で、今は駐車場になっている場所で文具商をやっていたんですよ。「こんな文房具屋なんか跡継ぐ必要ないから、お前は好きなようにやれ」と言ってくれました。そのころから僕は生き物が好きで、獣医になりたいっていう気持ちがあって、北海道大学を選んだら、「獣医になるのに、わざわざ北海道まで行かなくてもいいじゃねえか」って怒った親父ですけどね（笑）。東京にだっていくらでも大学はあるだろうって言われたんですけれど、獣医学部というのは当時、国立大学では北大にしかなかったんですね。他のところも畜産の獣医だったり農学部の獣医学科だったり、僕が最後に仕事した東京大学の農学科学生命研究科は獣医教室でした。そういう意味で北大を選んだんですが、家の隣の中学校の教師が来て「北大なんてすごいじゃないか」って言ってくれるまで、親父はプンプン怒っていました。

天童：北海道なんて遠くじゃなくて、そばにいてほしかったんじゃないですか。

高橋：たぶんそれもあるでしょうね、一人っ子だったしね。そういう意味では母も口をきいてくれませんでした（笑）。「何で北海道行くの」みたいに怒っていました。まあ寂しかったんでしょうね。でも子どもの立場で単純に言わせてもらうと、そういう親だからこそ嫌で早く家を出たかったというのはありますね。

天童：好きだったんだろうなあ、ご両親が。高橋さんのことを（笑）。

高橋：でもわがまま言って良かったと思いますよ。というのは家を出て初めてね、生活の苦労っていうのを知りました。まず第一に銀行ですが、高校生ぐらいで銀行に行ったことあります？

天童：ないですね。

高橋：普通ないですよね。僕もなかった。北海道に行くときに親から「これ、なんかのために取っておけ、銀行に預けろ」って、お金を渡されたんです。それで一番確かな銀行と言われるところに、行きました。ああいうところの受付の人は、ご丁寧でしょ。「配偶者様の分もカード二枚作れます」って言われたんです。「配偶者、東京に二人います」って思わず言ってしまったんです（笑）。本当に世間知らずもいいところで、ことばに出てしまったんですよね。後で「配偶者って何だっけ？」と考えて、結婚相手だ、親と間違えてた、みたいなめっちゃくちゃ恥ずかしい思いをしました。それでカードもらって良かったと。その人とは、そのあと顔を合わせないで済むってことで（笑）。

天童：そのあとは銀行内で大笑いだったでしょう（笑）。

高橋：だって笑って出てこないんですもん、受付の女性が。なんか僕へマやったかなって（笑）。

天童：それもまあ、大人への通過儀礼の一つってわけですね。

高橋：そうかもしれないですね。変な言い方だけれども、恥をいっぱいかいて、僕は世間を少し知ることになったと思いますよ。

天童：お話をうかがってきて、私の中でキーワード的に浮かんでいるのは、親御さんがどういう人生観を持っているのかということが陰に陽に影響する、ということです。高橋先生も著書で書かれていたように、親の表面的な育て方で不登校になるわけじゃ決してないということですね。人生において、思い出すだけで叫びだしたくなるくらいの恥ずかしいことというのは、学校でもどこでもわれわれは生きていたらきっと何度も体験するわけです。そのときに、もういやだと引きこもって行かずに、恥ずかしいけれども外に行くのをやめずに済むとしたら、その際の心の支えみたいなもの……生きていく上での肯定感みたいなものが、当人も意識していない、ごく日常的かつ深いところに必要だろうと思います。わたしたちは一般に無意識のうちに、高橋先生みたいに親から与えられている何かがあるのではないか。だから反発してでも、北海道まで行ける力になっていたりするのではないかなと思うのです。

私の両親は満州からの引き揚げなんです。敗戦後、軍はさっさと逃げたのに取り残されて、命からがら一年後に二人して帰国を果たしました。子どもの目から見て、決して生きるのが上手な人たちではなかった。少なくとも器用に立ち回れるような人たちではなく、ことに父親は戦後の混乱期にいろいろ仕事を変えざるを得ず、私がものごころついた頃は靴屋をやっていたのですが、友人の連帯保証人になって、その友人が逃げちゃったんで、借金全部を背負わされてしまった。母親も当時の国鉄がやっているスーパーみたいなところでパートをやっていました。靴なんてそう売れるものではなく頭打ちだったところに近所で整体を教えてくれるところがあったんで、そこで学んで、物事にこつこつ真面目に取り組む父親にはそれが性に合ったらしく、ようやく普通に暮らせるくらいのお金を貰えるようになった。私が子ども時代は親が借金をかぶっていた時代なので非常に貧しくて、目の前に川が流れていたんですけれど、川に落ちているブリキのロボットなんかを拾って遊んでいたのを思い出します。小学校の高学年の頃から周囲の一般家庭とそんなに変わらないくらいになって、私は映画にすごくのめりこんで、中学生以降映画監督になりたいという夢が芽生え、高校の時に東京に行きたいということになるんですけれども、その際に高橋先生と同じで「お前そんなんで食っていけるのか」って父親に言われました。なのでいま内心でちょっとほほえましく思い出してたりしたんです。けして目端の利く親ではなかったけれど、根底に支えてくれたものがたぶんあったんじゃないかと。それがあるから「食っていけるのか」って大反対されても、四国の松山から東京に出てこられたわけです。四〇年以上前の当時の自分としては大冒険です。

高橋先生が書かれていた、不登校になったきっかけの子どもたちは、すごく恥ずかしい思いをしているというのを読んでいると、私自身もクラス中で学校の教師から辱めを受けるようなことが何回かあって、体罰も日常的にあって、あの教師は今でも許せないと思うようなことがいくつもあるんですよ。それでもなんとか内にこもらずに生きてこられた根底に、一番身近にいる親自身が社会や常識というものが敷いたレールを信じきってはいなかったということがあるのかなと。親父自身がいろいろな仕事をやって、上手くいかなかったりしたものだから、できれば公務員みたいな安定した職業についてくれよと口にはするんですよ。けれども外地での敗戦や、威張っていた軍人のいち早い逃亡など権威の失墜、運に恵まれた命からがらの帰国、戦後の混乱、信じていた友の裏切りと、一方で多くの人の思わぬ支えなどを通して、本当にはそんな安定したレールの存在を信じていなかったところがあるのではないかと。だから息子がレールから外れる道を選んだとしても、どこかでしょうがないと思うような気持ちもあったんじゃないのかなって、今は思います。

そのゆるさと言うんですかね、レールなんて幻想だから多少外れても何とかなると思ったのか、ある程度もうお前の責任だっていうゆるさがあって、私にとってそれがとても自由だったんですよ。絶対ここじゃなきゃダメ、金も出さない許さない、みたいなことはまったくなくて「公務員になってくれれば安定して親も安心なのになあ、考えがないなあ」って言いながら、このバカ息子は仕方ねえなっていう、あきらめがどこかにあって、そこまでのかっちりした枠ではなかった。そのゆるみみたいなものを、親が持っているかどうかが大きいのかもしれないと、お話を伺いながら、ちょっと思ったんですけど……。川場先生は、ご経験からどうですか。

川場：私が大学を卒業するときはバブルの時代で、今では信じられないぐらい引く手あまたの時代でした。いくつもの企業からお誘いがきて、いわゆる青田刈りというのが激しくなった時代です。自分の同期生とかゼミの連中は、もちろんそういう時代背景で企業や法人に入社して時勢の流れに乗ったんですけれど、私はすべて断って……。今のこの仕事に何で就いたのかということと、つながってくるところもあるかもしれない。大学を卒業してそのまま企業に入って、組織の中でやっていく自分でいいのだろうかという、なにかそういう違和感や戸惑いがあったんです。結局、常勤として就職をせずにアルバイトや親の手伝いをしながら、思索していた時期が五年間ぐらいありましたね。それを経て今のこういう支援の仕事をすることにつながっていったんですけれども……。誰からもプレッシャーを与えられることもなく、まだたくさん選択肢があって、その自分の生き様の中であえてモラトリアムを作ったというのがあります。たぶん、天童さんと高橋さんとも違う、ちょっと別の生き様かなと、お話を聞いて振り返っていました。親との関係っていう意識は、自分の中にはあまりなかったですね。

天童：五年間のモラトリアムというのは、基本的に何もしなかったんですか。それとも、何かはしていたんですか。

川場：もちろん、食べられるだけのことはやっていました。けれども、自分は何ができるんだろうとか、何の役に立てるんだろうとか、彷徨っているというか自分探しっていうんですかね、そういう中でやっていたのが五年ぐらいありましたね。

天童：差し支えなければ、どんなお仕事をその時期にはされていたんですか。

川場：何でもやりましたね。当時はバブルの前後なので、学生の時に宅建とか行政書士などいろいろ資格を取っていたから、ちょっと今の関係とは別の不動産管理の仕事もやりました。もちろん居酒屋でアルバイトとかそういうこともやっていました。

天童：お父さんも不動産関係で？

川場：私の父は乗用車の二種免許を持っていて。

天童：あ、そうでした。私と川場さんとの関係が、そこでつながるわけですよね（笑）。実は川場さんのお父様はタクシーの運転手で、私が『ムーンナイト・ダイバー』という作品を上梓した二〇一六年、福島の被災地と、福島第一原子力発電所の中に入れていただく取材をするというときに、自宅から東京駅まで向かう車の運転手さんが川場さんのお父様でした。「これから福島へ行くんですよ」って話をしたときに、その運転手さんが、「ああ、うちのお兄ちゃんもね、福島で今仕事してるんですよ」って話になった。「被災してつらい思いをしている子どもたちの支援をしてるんです」と言って、その場で川場さんに電話してくれました（笑）。

それで『悼む人』だったかな、拙著をお父様に託して、「今後お話をうかがう機会がありましたら、どうぞよろしく」みたいな話になって、それからのお付き合いなんですけれど。

高橋：そのエピソードは僕も聞きましたね（笑）。縁は異なもの味なもので……。

天童：モラトリアムを五年も許してくださるというのは、時代のゆるみっていうか、華やかな時代だったのもあるし、仕事がいくつもあったこともあるんでしょうが、ご両親がやはり結構自由だった感じ、レールや枠から外れることを寛容にゆるしてくださった感じもあるんじゃないですか。

川場：それは大きかったと思います。今で言えばたぶんニートとか、フリーターだとかレッテルを貼られてもおかしくないと思いましたね。そういう言葉は当時はなかったので、自分も鷹揚にいろいろ動けたし、自分探しをやれたという時運はあったと思います。「まともに働かざる者……べからず」という自己責任労働観のプレッシャーが奇妙に降りかかってくる今日の日本だったら自分を追い詰めたと思いますね。

天童：だから、親御さんの人生観だったり構え方みたいなもの。プラス時代背景みたいなものがあり、時代がそのゆるさを許すのか、あるいはもうそれを許さない雰囲気があるのかというのは、割と生きづらさを感じたあとの行動に関係してきますね。

一〇代へのバッシング

川場：生きづらさというテーマで振り返ると、一〇代はいろいろなレッテルを貼られるリスクを負っていることが大変だなと私は感じていました。具体的に言えば二〇〇〇年代に入ってからの、一〇代へのバッシングがスタートラインというところでしょうか。もちろん自分が学生の頃には三無主義とか五無主義と言って、「今どきの若い者は無責任、無感動、無関心だ」という詰(なじ)りはありましたけれど。二〇〇〇年代に入って一四歳の犯罪とか、キレる一七歳っていう言葉で一〇代をステレオタイプで括るというラベリングがあって、一〇代の人を間接的に動きにくくしているのではないかな、というふうに感じています。それと呼応して「心のノート」のような小道具を伴って学校現場に「愛国心」を徳目とする道徳が導入され始めました。なにか学校現場は世の中の問題を一手に引き受ける0か1かの職場になってしまった。思春期の意味が「若きウェルテルの悩み多き時期」

から「大人には理解できない何か問題を起こす時期」へとポジティブからネガティブな意味へ変わっていった。武田鉄矢主演『3年B組金八先生』は夢のようです(笑)。すでに一九九〇年代後半には「ころの闇」という言い方で少年犯罪事件を捉える流れは醸成されていましたが……。

評論家の古市憲寿さんが指摘するように、若者を「問題者」として論ずることは古今東西、繰り返し行われてきました。さらに若者と直接関わっていない第三者が、自分の青少年時代を投影させて語れば、いわゆる「原っぱ史観」や自己責任論に陥ってしまう。確か一九八九年に宮崎勤事件でしたっけね、連続幼女殺人事件があったときに、自分も学生だったんですけれど、幼い女の子を持ったお母さんたちに「若いお兄ちゃんがいるから近寄っちゃだめよ」なんて言われた時がありました。「いやー、冗談きついよね」って同期の連中と言い合っていて、その実はけっこう傷ついていましたね。やっぱりそういうステレオタイプと言うのか、今の一〇代の方にとって二〇〇〇年初頭のバッシングという社会現象が、それ以後の学校システム形成や見えないイデオロギー形成にタイムラグを伴って寄与、影響したと思います。教員や親も含めて当事者を縛り続けていると、この後のいじめの話でも触れたいと思うんですけれども、感じていますね。

天童：おっしゃった若者の事件は、二〇年、三〇年くらい前のことになると思うんですね。最近はそんなに突出した一〇代のセンセーショナルな事件というのは、ぱっと記憶に出ないんで、その辺りが私にはイメージしづらいところがあるんですけれども……。

高橋：その頃って日本人が糖分の摂り過ぎで、こういうキレる子が生まれる、というような食生活と結びつける人が多かったように僕は思うんですよ。自分は獣医学部で飼料計算というか動物の餌、肉食も草食もやっていたから、たかが糖の摂り過ぎでそんなふうになるのはありえない話だよなとずっと疑問に思っていました。ちょうどその頃ですけれども、一四歳あるいは一七歳という時期の内分泌の状態を、H医大の人たちと一緒に思春期のホルモンの研究をさせてもらっていたんです。八〇人くらいかな、もちろん保護者の了解も得て、子どもたちのホルモンの血液検査をさせてもらった結果わかったのは、やっぱり成長ホルモンと副腎皮質ホルモンのバランスが極めて悪いっていうことです。僕は天童さんの本を読んで「この人もしかして生理学者？」と思ったことあったんですけれど、すごい緻密な取材を重ねているんでびっくりしましたけれど、とにかく僕にしてみるとそういう時期のホルモンの分泌の不安定さというのが精神にもたらすものが大きいんじゃないかって、ずっと疑問に思っていました。幸いある財団が研究費をくれたので、八〇人の血液を検査できたんですけどね。

天童：それは重要な研究ですね。

高橋：T医大でその後の追試をやってくれて、ほぼ証明されたんですね、それでこれは間違っていないと。今はそんなこと言う人あんまりいないけれども、当時の常識でいうと、副腎皮質ホルモンが枠の中にプロットされていないと、慢性的にこの人の精神はおかしいよみたいなことも言われていて、T3T4チロシンの3とチロシンの4がバランスが崩れると慢性疾患になるよ、なんていう説もあったんですね。今あんまり言う人がいないって言いましたけれど、そのこと自体は別の問題だ、副腎、甲状腺のホルモンの問題は全然別だ、みたいに近頃は言われていますけれど、僕としては疑いを持っています。キレやすいっていうことは常に慢性的になにかストレスを受けているんじゃないかって、動物関係のデータとも合わせてですけれど、感じるんです。

天童：とても重要な指摘だと、私は思います。

高橋：ありがとうございます。

天童：これは世界的な課題だと考えているんですけれど、自殺の問題にしろ、虐待の問題にしろ、人間および社会の中で起きる問題に対して、いまよりもっと細かく確かなデータを取っていかないといけない。増えているとか減っているとか、警察の取扱い件数や相談件数といった表面的な数字だけはカウントするんですよ。しかし、なぜ増えているのか、なぜ減っているのか、そこに突っ込んだ研究をしていかない。そこのエビデンスを取らないまま、自殺が増えている、虐待が増えていると問題視するので、一次的な、あるいは感情的な対策しか取れなくなるんです。相談員を増やすかどうかといった程度でストップしてしまう。政府を含めて行政の担当者が変わったらエビデンスがないから、たとえ自殺や虐待の増加に対応する踏み込んだ策を立案したとしても、検証ができずに、「それが本当に効果があると言えるのか」「立案者の思い込みじゃないという証拠を出せ」となって、結局有効な手が打てないままになってしまう。今、高橋先生が経済界から出資を受けた研究をされて、そこで一つ生き物においてのホルモンバランスが行動変容を起こすのではないかというお話は、非常に重要なエビデンスだし証明だし、次に必要な対策をとるときの大事な基礎となる研究をされたと思いますね。

高橋：それは僕もありがたいと思って、何冊かの本にそのときのデータを単純な部分だけですが、載せています。

天童：それが現在の社会に活かされるべきなんですけど、これは個人的な印象として、日本の政治家もメディアも化学に対するアレルギーのようなものがあって、遠ざけたり無視したりする傾向がある。現在のコロナ対応も典型的です。それで話は戻りますが、成長ホルモンと副腎皮質ホルモンのバランスが、何によって崩れるのか、というところまでは行けなかったんですか？

高橋：はい、たどり着いたんです。睡眠時間とか、食生活の食べる時間とかによって影響されてもいるんですね。朝食べる、昼食べる、夜食べるって、日本の場合は三食ですね。ロシアのデータも見たけれど、あの人たちはほとんど二食なんです。でもちゃんと昼間起きて活動している人たちの場合は、日本人と同じようなデータが出ているんです。そのエビデンスがどこにあるか、今どこかにしまってあるんですけれど、二食の人もたいして日本と変わっていないんです。話が飛躍するんだけれど、小野田寛郎さんでしたっけ、少尉がフィリピンのルバング島で発見されましたよね。あの人たちは、おそらく食事の時間とか寝る時間をきちっと守っていたと思いますね。小野田さんの知人を僕は浜松で知っているんですが、「あのおじさんね、変わってんだよ」って話を聞きました。浜松出身かどうか覚えてないけれど、浜松で親の会をやっているもんですからね。

天童：高橋さんが獣医であったということが、大きいポイントだったんだろうなと思うのは、やはり人間も動物であると、生命体であると。それが妙に心とか精神に重きを置きすぎなんですね。脳が発達しすぎたものだから、人間は特別で動物と切り離して考える癖が、主に権力層やインテリ層を中心にあるけれど、元々は単細胞がたくさんあってできている生命体でしかないわけです。

私たちを構成しているすべての動きをコントロールしているのは、つまり人間を人間たらしめているのは脳なので、その脳に対する栄養であるとか、脳細胞をいかにコントロールし得るかという部分が今抜け落ちて、感傷的なものになってしまっていることが問題だと、私は思っています。生命体なので、まず基本的に細胞を活性化させない限りは、生命力がどんどん暗い方に傾くのは当たり前で、花なら十分な水と太陽と土と、それから栄養が必要で、それを人間に当てはめたら睡眠と、日光を浴びることと、十分な栄養が必要。まず基本としてそれがあれば生きのびていけるのに、ないがしろにされている。なにかもっと違う、精神的に複雑なものがあるのじゃないかという理由探しを勝手にして、袋小路にはまってしまっている部分があるのじゃないでしょうか。

高橋：おっしゃるとおりだと思います。僕にはそういうことを理解して「こういうところへ行ったら研究費くれるよ」なんて、紹介してくれる人が周りにいたので助かりましたね。要するに、どうしても元を突き止めたいという好奇心が強いんで。

特に獣医っていうのは関わる生き物が多彩なんですよ。牛と馬とじゃ全然消化機能違うし、犬と猫じゃモルヒネに対する反応もまったく違うし、こういうことも僕にとっては興味関心が高かったですね。治療的には麻酔が効き過ぎて失敗したりして、単純にはいかないですね。その点、人間の場合は楽ですよ、ホモサピエンスという一つの種類だしね。文句を言いたくはないけれど、国家試験のときは全部丸暗記して、大変でした。

天童：なるほど、そうなんですね。

川場：二〇年くらい前に、どこかの病理学の先生が不登校の原因になる病原菌を発見したので高橋さんと一緒に共同研究を、という話もありましたよね。

高橋：いたねえそういう人。とんでもないまやかしものがいっぱいいましたけれど、こっちがちゃんと科学的根拠を持っていれば、「それインチキだよ」ってはっきり言えるでしょう。確かに僕も脳も科学的な反応で動いているというのはわかるんです。わかるけれども数式で全部それを表そうとする人がいて、それはちょっと違うんじゃないって、相手がいて、この間に流れる感情があるんじゃないのというのが僕の自論ですけどね。人と人との間にある感情というのは、その都度お互いに感じ方が一致すればいいけれど、しない場合も結構あるじゃないですか。僕の書いたものに対してとんでもない反応を見せる人もいて、自動車販売会社の支店長がね、うちの社員に説教してくれって言うんですよ。説教するようなこと、どこかに書いたかな？　と思ったけれど、「この本に書いてある」って言うんです。読む人によっては、そういうふうに見えちゃう場合があるんですね。あれは全然違うよなと思った記憶があります。

天童さんはもちろんプロだからだと思うけれど、わかりやすいし、『ペインレス』はちょっと重たいテーマでしたけれども、すごい本だなあと思いました。ペインレスっていうのは、僕にとってみると動物の痛みであるとか、人間の痛みっていうのを感じないっていうのは良いよなと。良いのか悪いのか、バラは自らトゲを持っているけれど、人っていったら変だけれどあの人たちはたぶん痛みを感じないでしょうね。自分に刺さることはないもん。綺麗なバラにはトゲがあるので、気をつけないといけないなと思ってますけれど。

自殺の真の原因とは

天童：生きる意味の中で自殺が増えているという話がありますが、生きづらさとか、将来の不安というのは昔も今もある。もちろん内容に多少の幅はあるだろうけれども、基本的には一日一日を生活していかなきゃいけない人生が、そうそう生きやすい訳がなくて、勉強も仕事も簡単じゃないし、対人関係のストレスもあって、将来は不確実。生きていくのって、わりと面倒で大変、ということが基本だろうと思うんですね。イコールそれが自殺傾向につながると捉えてしまうと、生きづらさをなくせば自殺が減るという、短絡的な考え方に陥ってしまいかねないと思います。むしろ生きづらかろうが、将来への不安を抱えていようが、この世界では生きる人の方が圧倒的に多いわけで、自殺傾向と生きづらさはイコールではなくて、むしろ自殺の理由は別にあるのではないか。つまり生きづらさや将来への不安を感じている、ことにプラスして、何かがあるから、あるいは歯止めとなるような支えとか楽しみといった何かがないから、自殺にいく。その何かが真の自殺の原因であって、その原因を突き詰めて、かつ解消しうるものは何かという議論や、もっと内面に踏み込んだデータを取ることが大切なんじゃないかな、と個人的には思っています。

そこに先ほどの高橋先生が研究されたような、キレるということに対してホルモンバランスの問題が血液中から発見されたという重要な指摘がありました。であれば食生活を見直す、睡眠環境を整える、という具体的な手が打てるわけです。同じような研究を重ねることで、エビデンスが取れて、具体的な対策方法が出てくるのではないかと思うのですが、そういうことをしないのがこの国、あるいは世界的な問題です。

もっと踏み込んで、自殺企図した人たち、あるいは死のうとしたけれど、その一歩手前で踏みとどまったような人たちへの聞き取りみたいなものが必要だと思います。難しいのは理解しているんですけれども、あえてそこに踏み込んで、彼らや彼女らがなぜ生と死の一線を越えざるを得なかったのかっていう聞き取りを積み重ねることによって見えてくる何かをデータ化して、エビデンスとして捕まえない限りは、自殺の本当の理由、あるいは自殺を止める言葉や手立ても見つからないのではないか。

私事なんですけれども、叔父が一九歳のときに自殺しています。その叔父の兄と妹、私にとって叔父と叔母ですが、兄と妹と同居して仲良く暮らしていたのに、ある日突然自殺した。兄と妹は呆然として、「なぜ」って思い続けて五〇年くらい生き続けてきたんです。二人にも何が理由かはわからない。だから五〇年も苦しみ、自分たちを責め続けた。叔父もまさか自分の死が、半世紀も家族を苦しめるとは思ってもみなかったでしょうが、彼なりに同居していた兄にも妹にも明かすことのなかった死を選ばざるを得なかった理由があったのでしょう。でも社会的に蓄積された情報と突き合わせていけば、何らかの理由が見えてきて、遺族を自責の念から解放しうるかもしれないし、その前に予防しうる手立ても見えたかもしれない。自殺を情緒的に捉えることやタブー化して遠ざけることをやめ、科学的に踏み込んでいかない限りは同じことの繰り返しになっていくのではないか。自殺に対してわれわれが本当に向き合いたいと思うのであれば、そしてできれば止めたいという気持ちがあるのならば、なぜそれを選ぶのかという一歩踏み込んだ理由を、何かの形で見つけていく努力をしていかない限りは、実効のある対策は打てないのではないかと感じています。

高橋：これも川場さんとは話したけれど、僕がスウェーデンに行ったとき、その頃自殺者数がスウェーデンはものすごく多かったんですよ。社会福祉が行き届いていて、お年寄りは何にもしないで年金いっぱいもらえて、安心して生活ができているにもかかわらず自殺する人が多かったんです。ちょうどスウェーデンに僕がいるときに、そういうデータが出ていて、びっくりしたことがあったんです。「こんなに幸せで自殺する？」と思ったけれど、何か他の悩みがきっとあったんでしょうね。僕にはよくわからなかった、あれは。その後日本はスウェーデンの真似して、老人福祉だとか言って、図書館なんか行っても高い棚ないですよね。みんな低くして、車椅子でも手が届くような、福祉図書室みたいなのがたくさんできましたけれども……。彼らはおそらく老後のお金で悩んではいなかった、もっと人と人との関係で、苦痛や苦しみがたくさんあったんじゃないかなと思うんですよね。ちょうどフリーセックスが一番盛んで、「スウェーデンは良いよね」みたいに言われていた時代だけれども、そういうこともあの国の保守的な年寄りにとってはストレスの元だったんじゃないかなと思いますよね。私が泊まった宿泊施設も全部そうなんだけれど、男女の区別がほとんどないんですよ。あれは日本人にしてみると、ちょっと抵抗があって嫌だったけれど、向こうの人たちは平気なんですよね。

川場さんが集めてくれた資料（図1）なんですけれど、我が国と諸外国の若者の意識に関する調査で、将来の自分のことを心配している日本人が七八・一％、失礼だけれど結構じゃないかって思いますね。何もないよりは少しぐらいあったって良いんじゃない、乗り越えられない悩みは困るけれどもね。そのための教育を僕たちは受けていると思うんですよ。私の周りの人みんなが、私の経済的な問題とかなにかを心配してくれるけれど、私の方は貯めなくても良い、食えるだけで良いみたいな、前近代的な感じでいますから、そんなに苦もないんです。僕が見ている中で、不登校でも自殺する人がいるんです。これはやはり抑うつ反応の一つだろうなと思います。生きている意味がないとかね、これ設問が悪いと思うんだけれど、「生きることに意味なんてあるの？」と。「生きることだけが大切であって、いちいち意味がある、ないなんて人間が考えることじゃないよ、神様に任せときゃいいんだ」なんて言うのは、牧師として無責任だけれどね（笑）。

天童：いやさすがは牧師さんですよ。

Q4　現在のあなたの悩みや心配ごとについてうかがいます。あなたは，以下のそれぞれについて，どれくらい心配ですか。あてはまるものをそれぞれ１つ選んでください。(回答はそれぞれ１つずつ)

Q4（n）自分の将来のこと

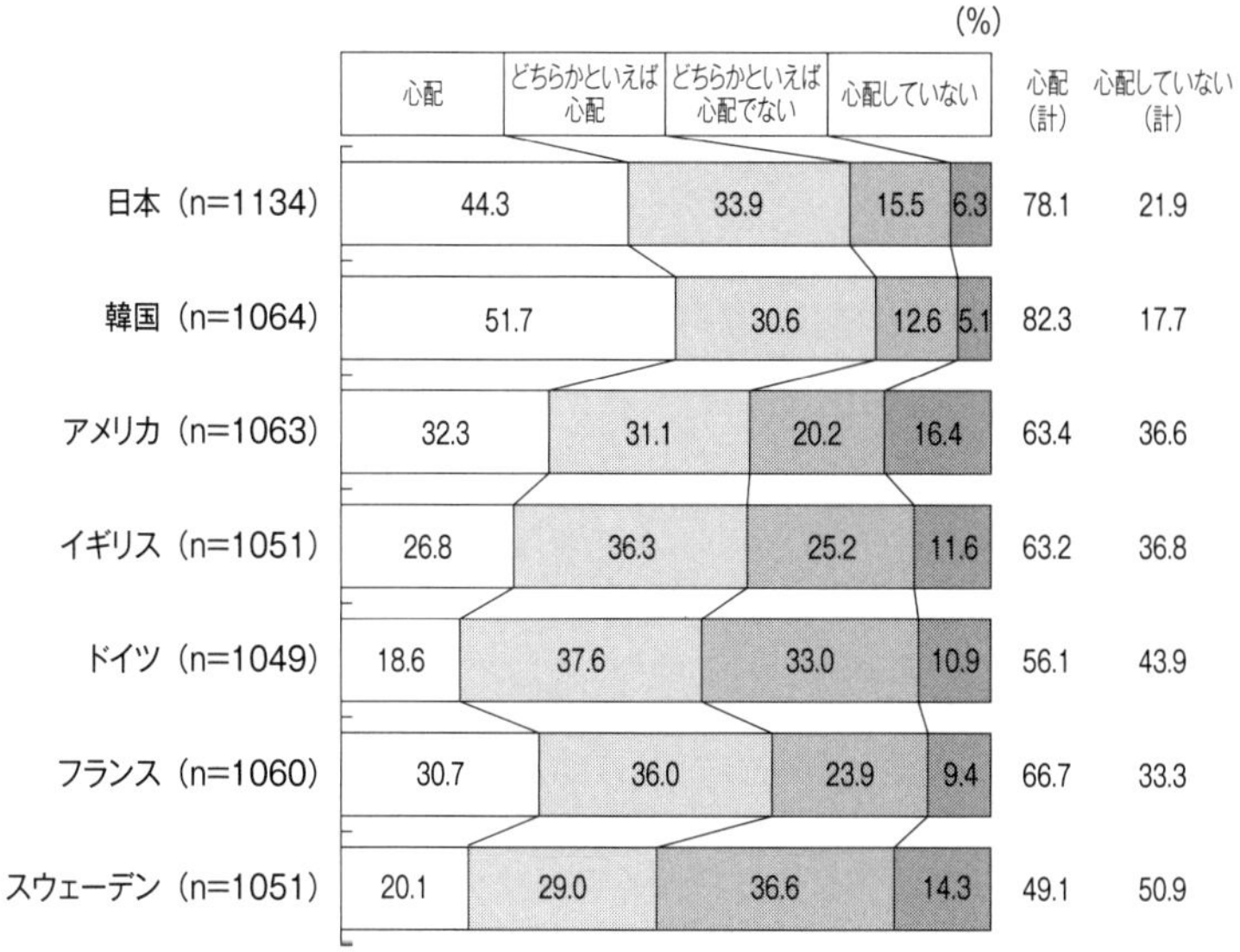

図１　自分の将来のこと
（内閣府平成30年度「我が国と諸外国の若者の意識に関する調査」より）
内閣府政策統括官（共生社会政策担当）

高橋：本当そう思っちゃうんですよ。

天童：おっしゃるとおり、自分の将来を心配する若者が七八・一%、自然だし、むしろあとの二一%、どうして心配せずにいられるの？って思います。若い人が、将来に不安がないということのほうが信じられません。環境破壊があり気候変動があり、エネルギー問題に食糧不足の懸念、多くの紛争や核の不安。格差社会、競争社会に雇用不安。少子高齢化による社会保障の破たんの危機……心配がないなんて、実は現実をきちんと考えられていないことの証左じゃないでしょうか。

ドイツやアメリカとかスウェーデンなどの数値もあるんですけれども、高橋さんがおっしゃったように、実は設問の仕方や問う対象の選択が怪しいのではないかと思います。恣意的な数字が出ているのではないかと思うのは、たとえばアメリカは黒人地域で尋ねたのかとか、プアホワイトやラティーノが多く暮らす地域はどうなのか、あるいは宗教への依存が強い南部と、そうでもない北部でも違ってくるでしょう。ドイツであれば、旧西ドイツと旧東ドイツでも違うだろうと思うんです。スウェーデンはおっしゃったとおり税金で多くをまかなっていて、生活の不安は少ない一方、グレタ・トゥーンベリさんという人が一四歳にして環境保全のことを訴えていますが、個人より、将来にわたる地球全体の環境や気候や災厄を心配している人が多いのかもしれない。つまりこうしたアンケートで問われている幸福度とか心配度とかは幅があり過ぎる。アンケート用紙をぽんと渡されて、どれか答えに丸を付けてと言われた場合と、面と向かって、将来の就職は不安じゃない？　先々の結婚や子育てに心配なことはない？　と聞かれた場合とでは、答えは変わってくるでしょう。

こういう曖昧な設問の中で出す数値というのは、私は危険だと思っていて、たとえばユニセフが「精神的な幸福度と身体的な健康度」というレポートを出していますが、これ本当は比べられないですよ。(注2) つまり、五歳までの生き延びる数字とか、実際の病気の数字とか身体的な健康度などは測定が可能ですけれども、精神的な幸福度っていうのは基本的に個々の思い込みだし、問い方ひとつで答えも変わってくるので、数値化できないですよ。それで、日本は健康度が高くて長寿の国だけれども精神的な幸福度が足りないんじゃないかというのはかなり恣意的な、つまり感傷的なもの言いになってしまいかねない。

加えて、将来の不安度とか精神的な幸福度というのは、それぞれが信仰している宗教も深く関わってきます。キリスト教とイスラム教と仏教とでは、それぞれ違いがあると思うし、同じ宗教の地域でも信仰の度合いによって考え方には差が出てくる。ブータンで仏教を信じている人と、現代日本で仏式のお葬式をあげている人とが、同じ価値観のもとで生きているとは到底思えない。ですから信仰や文化を無視して、精神的なことは比べちゃいけないんじゃないかと思うのです。なぜそうした政策や保障や価値観が生まれたかを考察せぬまま、表面的な事象を取り上げ、感傷的なため息を漏らして、ノルウェーは良いよねとか、ブータンは世界一幸せらしいよって言うだけで終わっちゃうだけなのではないかなって。幸福度を表すいくつもの項目の中で、どれが宗教や文化の差異とは

(注2) 国際児童基金（ユニセフ）二〇一九年調査。ユニセフ レポートカード（16https://www.unicef.or.jp/news/2020/0196.html）

かかわりがなくて、政治的に、また個人の生活において改善可能なのかというのを具体的に見ていかない限り、幸せって命題自体が意味をなさなくなる。

ちょっとだけ話が外れますけれど、アメリカ人の私の英会話の先生に、トランプ元大統領のことを支援している中西部の福音派の方たちが親戚にいるんだそうです。その英会話の先生は現代的かつ科学的な考え方の人で、今の気候変動などの問題を重く受け止め、グレタさんのような若者の声を本当に大事だと思っている。一方で、中西部の親戚たちはすごくいい人なんだけれども、気候変動はどう思うのか、このまま何の対処もせずにいると、アメリカだけでなく、地球全体が大変なことになるんだよと言うと、笑って「そんなのは神様に任せとけば大丈夫なのよ」って本気で言うんですって。そのくらい福音派などの保守的な信仰のベルト地帯は神に対しての盲目的な信頼を置いている。それこそ人間は神様が創造したという創世記を本気で信じている人たちが多い場所だから、気候変動とか地球温暖化みたいなものは、神様が何とかしてくれるから大丈夫なのよってニコニコして、そこに心配はないわけです。そういう人たちもいるという上での数字で心配度は出てきていることは、わきまえておく必要がある。

私としては高橋先生もおっしゃったように、将来を不安がる方が健全だと思います。むしろ大切なのは、その不安にどう対処するのかということでしょう。政治任せ、人任せにするのか、もう神様に預けちゃうのか、あるいは目と耳を塞いで背を向けるのか。それとも自分個人で何ができるのかを考えて行動していくのか。その行動の過程で、思いを同じにする仲間も集まってきて、高橋先生が人に恵まれたように、懸命に行動していると、好きなもの同士あるいは心配するもの同士が集まってくるので、共に一歩踏み出して行動し続けるのかという、そういう違いなのかなと思っています。

高橋：私はシラケた牧師だと自分では思っているのだけれど（笑）、神様に任せるなんてことそう簡単にできるものじゃないですよ。禅宗のお坊さんが無の境地にと言うけれども、これも失礼ながらなかなか難しい境地ですよね。

先ほどの一四歳とか一七歳のキレるところに逆戻りしちゃうのだけれど、この人たちのことについてはその当時ホルモンの研究をさせてもらって、大いに役に立ったなと思いますね。生理学的な検査、社会学的な調査、統合的調査を二年ずつ行ったから、六年間にわたって研究費をいただいて、柿の木坂かどこかの大きなホールで発表させてもらいましたけど。あれはよかったな。

天童：データに基づくエビデンスを取る習慣がないと、犯罪を犯した、あるいは犯すおそれのある少年に対しては、川場さんがおっしゃったような、根拠を欠いた感情的なバッシングが生じがちですよね。

もう一つ、こういうバッシングの根底にある無知とか不寛容についても述べておきたいんですけれども、法を犯した少年の処遇とか更生の問題にも関わってくるんですが、行政の責任者とか官僚とか、法の立案を担当する官僚、あるいは言論の中心にいる有力な人々は、中流以上の家庭であったり、偏差値上位の成績を修めた人たちだろうと思います。いわゆる社会の上層にいることによって、貧困家庭とか家庭環境に恵まれなかった人たちとか持たざる人たち、あるいは心身の病気になった人たちへの無理解や無関心が基本的にあると思います。これは差別ということではなく、環境の違いから生じた、認識の差異ですね。元々のスタート地点が違う。にもかかわらず、彼らは自分たちがおのれの力だけで努力して、その地位に立ったと、無意識の満足感や自負を抱いている。努力できるということも、実は環境に恵まれていればこそであって、努力することさえ難しい環境に置かれた子たちというのは少なくない。なのにそのことには目をつぶって、あるいは意識しないまま、自分たちと同じところまで来なかった人たちを、努力しなかった者たちというような決めつけをしがちなんですね。そこにバッシングを許す芽がある気がしています。

これは小説家的な見方になるんですけれども、中学高校大学の頃、勝ち残りのために勉強ばかりして、十分に青春を楽しめなかった人たちの、ルサンチマン的な長年の怨みや嫉妬が鬱積している心理があるのかもしれないと想像するんです。「チャラチャラして遊び回っていたくせに、社会に出てうまくいかなかったからと言って甘えるんじゃない」みたいな気持ちがどこかにあって、経済的に、あるいは更生などの立ち直りに問題がある人への支援や法案や、恵まれない家庭環境にある人たちへ手を差し伸べる行政的なものを作ってこなかった、作ろうとしなかった……。根っこには、やはり環境が違う相手への無理解や、自分は青春期に抑圧的な我慢を強いられる生活を送ったのに、なんで努力しなかった奴を助けなきゃいけないのか、という無意識の心情があるのではないかというのが、私なりの考え、というより想像ですね。

落ちこぼれることへの恐怖っていうのが、やっぱり上層の人にも強くある。この落ちこぼれたくないという気持ちというのは学生の頃もあるでしょうし、社会に入ってからも、競争社会および評価社会の中にいると更新され続けて、寛容さとは逆方向に針が向いていく。こぼれてゆく人を救う精神的な余裕はないし、こぼれた人間は自業自得だろうという狭量な心理が、むしろ切り捨てる方向の政策や行政をしがちであるということ、これが見落とされている。政治行政の問題として、担当者の心理的バイアス（偏り）が根底にあると思うんです。そこも今後の課題として誠実に考察すべきだと思うのは、男女間の差別解消の問題、性暴力に関する法律を含めてジェンダー問題に対応する支援や法律、行政のあり方においても同様に、担当者・関係者の育ってきた文化的背景や、受けてきた教育環境の影響が大きく反映されると思うからです。政治行政を動かす人たちの心理や育ってきた環境というものに対して、もっと焦点を当てて、それを乗り越えて対応する精神性をいかに獲得、保持しうるのか、という研究が進んでも良いのではないかと考えています。

川場：一〇代はやはりエネルギーがあって、とくに男の子の性衝動の強さを考えると、キレるっていう言葉でなくて、なにか爆発力があって当然だなというふうに思っています。その力は集落共同体では農作業や祭礼であったり、営繕であったり大切な要因としてある。一〇〇年前二〇〇年前の時代でも、一〇代・二〇代の爆発力を活用して、集落共同体を守っていたという捉え方をしていきたいと思っているんです。江戸時代の都市部では、いろは組のような町火消しを結成させて、若者やくすぶりのエネルギーを幕府や幕吏は利用している。民俗学の赤松啓介さんが指摘していたとおり、性エネルギーを為政者とか、上層の人間が税収面で活用していたんだな、とあらためて思いましたね。

高橋さんがおっしゃったホルモンバランスの偏りでキレるのか、バブル崩壊後、長引く不景気で見通しの持てない日本において、何か社会不安のような空気が高まったことでメディアも便乗して若者の素行に焦点が向かったのか、私にはわからないのですが……。ただ、日本の公立学校は社会の直接的な影響は活用調査事業などを通して学習指導要領改訂を経てタイムラグを伴って入ってきます。

高橋さんは当時報道の取材を頻繁に受けていましたよね。そのときに一番伝えたかったことって、何でしょうか。

高橋：批判的に言っていたのは、行き過ぎた管理だと思います。こうでなければいけないっていう規則が、次々にできちゃってね。スカートは膝が隠れる長さじゃなきゃいけない、五センチ上じゃだめ、五センチ下じゃだめっていって、そのあとスケバンなんかはロングスカートっていうんですか、長かったでしょう。わが家にもミニスカートの人が来て目のやり場に困ったことがあったけれども、とりあえず下着が見えなければいいんじゃないみたいに、僕は大目に見ていた。いちいち言われたらやはり言われた側はいい気持ちしないだろうなと。ここにいて教師たちが怒鳴っているの、川場さんも聞いたことあるでしょう。あの言い方はないよなあと、僕も感じましたよ。

僕は調理師学校で教えたことがあったんですが、あの頃の調理師学校の子たちは大変でした。最初に集まっていた子が、授業の後半になると半分くらいいなくなっちゃうんですよ。どこ行ってんのかっていうと、公園でナンパしていたり、なにか悪いことしているんですよ。そのころ、中学校出てすぐ調理師学校に来る子というのは、どこにも入れなかった子たちなわけです。そういう子たちに、なんとかそこで資格を与えて、社会参加できるようにしようという理事長とか教師たちの気持ちがもちろんあの子たちにはわからないわけね。だから隠れてタバコ吸ったり、大変だったな、あの頃は。理事長なんかは、その辺の公園に行って子どもたちを教室に戻す、それが理事長の仕事みたいな感じでしたね。中学校時代厳しくされていた子たちは、あの学校だと先生たちも数が少ないから、そこまでやる人いないだろうと考えていたけれど、どっこい理事長まで出てきて頑張っていたから、先生たちは大変だったと思いますね。理事長の理想は、スウェーデンの教育なんですよ。はっきり言えば自由教育、フリースクール教育みたいなことを言っていたけれど、受ける側の心持ちによってそれが実現できるかどうかは変わってくるでしょうね。僕もそのとき何をやったかっていったら、はっきり言って講義の半分くらいは漫談。子どもたちが「おもしれー！」ってゲラゲラ笑うような話をしていました。私は公衆衛生と衛生学を教えていたけれど、苦労したなあ。あんな苦労は二度としたくない（笑）。

農作業をめぐって

天童：先ほど川場さんもおっしゃったけれど、農作業というのは、お二人がやられていた山梨とか千葉とかの学校に連れて行って、実践された体験からのお話ですか。

川場：そうです。私はなるべく無農薬の手刈り・天日干しにトライしたんですが。真夏の三〇度超えの中で雑草を取ることは、本当に悪夢に出てくるくらい大変な作業で、五〇を越えた私の年齢ではもうついていけない。そういうときに一〇代や二〇代の力とか性エネルギーっていうものは、比較にならないくらい強力なんですね。農作業が激しければ激しいほど、不思議なのですが性衝動もより高まります。

一九六〇年代以前の日本の食糧を支えていたのは、一〇代・二〇代の性エネルギーとか、その爆発力というんですかね、それが日本を支えていたんだなって。農薬が普及した時期は昭和三〇年代ですが、今の農薬は使用基準を守れば安全なので、なるべく雑草取りをしないで農薬で済ませることができます。稲が成長すれば稲の根っこに光が届かず雑草は伸びなくなります。収穫もコンバインで一発です。私たちが二週間かけて本当に死ぬ思いで刈り取って、穂だ架けした面積分を、大型コンバインではたった一五分・二〇分でやってしまう。農業機械を使えば、真夏の農作業は早朝か夕方の時間で事足ります。だから農薬が無かった祖先の人たちは相当大変だったろうなって、稲刈りも含めて実感しています。

天童：学校に行けない、あるいは働きに出られない若い子たちを、農作業に連れていくと変わっていく、その秘密は何だと思われていますか。

川場：一つは目に見えやすいというか、結果が出やすいことがあると思います。身体を動かした分だけ、形になって現れてくる。それは玄米の収穫量もそうですし、コナギやイボ草などの雑草を取った量でもそうですし、とにかく身体を動かせば動かすほど、それが形になって現れやすいっていう外在化がありました。もちろん、昼夜逆転している子どもなど、連れていく人のライフスタイルを考えると結果やノルマ有りき、では決してない。むしろ、泥田遊びや土手、畦(あぜ)でボーっとしてもらうことがスタートラインでした。

あとは、一人だけだとあの大変な重労働はこなせない。農家の世話人さんにも加わっていただいて、何となくグループとかチームでやっていくしかない。声かけしたり、みんなで茶化してなるべく楽しい気持ちで、あのつらさを我慢して乗り切っていくというか、ごまかしていく。そうでもしないと、あの真夏の炎天下での農作業というのは苦しくて、こなせない。だれか一人でも居てもらうと、本当に土下座したくなるくらいありがたかった。だから若い人の「地雷メイク」のような承認欲求どころか、誰かに居てもらわないと困る、ということになる（笑）。これは大須成学園での合宿やグループワークでもそうでしたけれど、腰の曲がったおばあさんや農家の世話人さんに一日一回会えるか会えないかぐらい周囲にまったく人がいないノンヒューマンな環境でしたから。だから人と関わりたくない想いを抱いている子どもにとっても、それなりに気持ちが楽だったと思います。「居る」っていうことがすごくありがたかったというのがあって、そこがお互い分かち合えたかなと思っていますね。

天童：そうした子たちのその後というのは、つまりどこかに就職できたとか、社会的に農作業に関連する仕事を始めたとか、その点はどうですか。

川場：農業や第一次産業に関わるという直接的なことでなくて、将来、真水を作る会社に入ってみたいとか、人と一緒に作業できるような仕事をやりたいっていう、そういうところに皆さん気持ちを持っていって、私に伝えてくれたというのがありますね。東京や大阪のような都市じゃなくて、もっと自然の多いところで生活をして、そこで働きたいという表現をして医学へ進んだ人もいました。私はそれ以上は尋ねなかったですけれども。

天童：外に出て、共通する問題を抱えた同世代の人たちと一緒に、汗を流して働いたことで、いわゆる不登校や引きこもりからは、ひとまず抜け出せたっていうことでしょうか。

川場：学校へ行く行かないっていう枠よりも、その人がその人なりの自分探しにたどり着けたきっかけをお手伝いできたのかなという感じで私は捉えていますけれども。

天童：農作業だけでなく、とにかく日中に体を動かすことは、生命体にとって細胞の活性化や成長に関わるとても重要なものだろうと思いますけれども、若者たちが共同の農作業をしたあと変わっていくというのは、肉体と内面のバランスが変わるのか、ホルモンが変わるのか、高橋先生はどんなふうに捉えていらっしゃいますか。

高橋：事前のインテークが大切だと思うのだけれども、僕がやっていたところは川場さんのところとは違う山梨でやっていたんですが、ここでは農薬を使わず主に野菜を採っていたんですよ。キュウリだとかトマトだとか、ジャガイモです。農薬をまったく使わないというのを原則としていたんです。だから「トマトでもキュウリでも、採ってすぐに食べられるよ」と。ただし「トマトとキュウリを一緒に食べると酵素でビタミンCが破壊されるから好ましくないので、食べるんなら別々に食べなよ」みたいな(笑)。一応科学的な根拠を付け加えて、説明してやっていた。キュウリが本当にキュウリの味するんですよ、わかりますかね、近頃のキュウリの味はちょっとね……。

天童：そうですね、現代の都会人にしたら本当のキュウリの味なんて実はよくわからない。水っぽいそれらしきものを食べている感じで、本物を味わい分けられるかどうか怪しいですね。

高橋：キュウリの味がわかるんですよね、トマトも本当にトロッとしたトマトの味がするわけです。それで、これが本当のトマトの味とかって言うと、やっぱり喜んで食べます。ロケーションは違うのだけれど、掛川でやっぱり無農薬でトマトを作っている農家の知り合いがたくさんいるんで、そういうところを紹介する。そこで、じゃあ季節労働だけど来てくれる? みたいにして、行って日銭を稼いで後は悠々自適な生活している、そういう子もいました。

もう引退していますけれども、フレンチシェフで有名な方がいるんですね。世界料理大会っていうのがあって、今は料理オリンピックって言っているのかな、そこで金賞を取った人で、サー・ローティーサーという焼き肉職人の称号を持っている人なんですね。彼のレストランに、そのトマトを売るルートをつけて、全部買い取ってもらうというふうにしました。シェフはそこでケチャップを作ったり、もちろん無添加のですよ、いろいろなものを作って市販していたんですね。そういうルートをつけるというのも、私の仕事かなと思っていますけれど、二〇二〇年の五月で彼は引退しちゃったけれど、そういう人のところで結構高い値段でトマトが売れるってわかると、夢中になって子どもは作ります。金銭的なことはあまり言いたくないけれど、子どもたちにも金銭的な欲はありますよ。

天童：すごく大事なことだと思います。

高橋：見返りがあるっていうのも大事だなと思いましたね。そのフレンチシェフは、料理オリンピックって名前がつく前の世界料理大会で金賞取っている人だよって言うと、それだけでもう憧れちゃう。そこに弟子入りした人もいます。もう彼はやめましたけれど、僕は毎年のように行っていた。とてもいい人でした。彼が何で僕を重視してくれたかっていうと、生ハムを作るときに獣医の食品衛生の資格が必要なんですよ。それで獣医の僕に声をかけてきて、一緒に生ハムを作って食べました。ソミュールっていう漬け込み液の作り方も、いろいろパーセンテージを変えてやってね。グルメというほどじゃないけれど、美味しいものには目がないですから（笑）。

天童：お二人のお話を伺っていて、一番最初の問いの答えに行きついたような気がします。つまり、モデリングがないので親御さんたちが、別な道を提示できない。だから、とりあえず学校に通ってよ、もう少しいいところに進学してよと言うしかない。それは最初に言ったように、この十年二十年、経済界も政治家も自分たちの短期の目標しか持てていないので、ロングスパンで成果・成長を得ようという政策にはとてもなっていません。あくまで私見ですが、一九七〇年代くらいの高度経済成長期に比べたら視野が狭く、想像力の乏しい、度量の小さい人たちが政財界および官僚のトップになっていると思いますけれども、そういう人たちが新しい時代のビジネスモデル、未来志向の教育理念を提示できない。つまりそれは新しい生き方に通じる仕事および教育を考えられないということだと思うんです。今の学校のあり方や人間関係に苦しんでいる子どもたちが、それでも無理をして学校に行かなかったら「僕たちは、私たちは生きていけないの？」って不安になっているところに、川場さんと高橋さんがやられたことっていうのは、こんな仕事もあるよと提示されたことだと思うんですね。

だから、別の世界でも生きていける、職業としての農業を君たちでもできるし、その農業からのつながりで料理店にも勤められるだろうし、料理人にもなれる。その道を極めていけば、有名店のオーナーシェフにもなれるんだということです。四五年前の話ですが、高校一年のとき僕のクラスで不登校になった男がいるんです。詳しい事情はわからないけれど、一学期で学校に来なくなったK君が今何をやっているかというと、道後温泉という一大観光地で、天皇の料理番とも言える天皇が泊まる大旅館の総料理長ですよ。実際彼の作る料理は創造的で、とてもおいしいんですが、そういう可能性が、現にあるのだっていうことです。私にしても大学卒業後、就職せずに数年間プロになれる保障なんて少しもないのにフリーター生活をつづけ、ようやく新人賞を得たあとも、本当にプロとして食っていけるためには、なお一〇年の経験を要したけれども、何とか今に至っている。

つまり、単線のレールから外れても生きていける道は多用にあることを本当はモデリングとして社会はもっと見せないといけないのに、それをやると秩序が取れない、たぶん管理できないということで、文科行政あるいは政財界が教育を矮小化してきてしまった。管理統制のために内申と就職をセットにしたこともあって、問題を起こしたり、既定の路線から外れたりすると、もうどんな職にも就けないよ、社会から落ちこぼれちゃうよ、みたいな雰囲気にしちゃった。だから、子どもたちも親も不安になり、ただただ縮こまっていた中で、高橋さんや川場さんは農業をやってごらんよ、汗かくけど面白いし、こんな職業もあるよという提示をしたのだと思います。そうすると、これで食べていける、これで生きていけるって、新しく視野が開けて、気持ちがけっこう楽になるっていうところがあったと思うんですよ。

一〇代の頃に夢を抱いた高橋さんと私が、親に「そんなんで食っていけるのか」って言われ、それが夢の前に立ちはだかる一番の壁になったぐらい、何で食べていくかというのは大命題です。人生をできれば楽しく、あるいは夢を叶えるために生きていく中で、生活費となる金銭を得るイコール食べていける、というのは大きな問題で、そこにお二人は「いやいや、これで食べていけるじゃん」って思て示して、彼らも「ああ、これで僕らそんなにいろいろ悩まなくても食べていけんじゃん」って思うことができて、パッと世界が広がったんじゃないのかなという気がします。生きていける、これで食べていけるっていう理解は、精神的なゆとりになるし、だったらもっと違う仕事、もっと別の生き方も可能かもしれないと、新しい世界が開けるでしょう。大人が子どもたちに本当にするべきことの一つが、生活費を得ていく道は一本ではなく、幾つもの道があり、焦らなくてもこれでもあれでもそれでも食べていけるよってことを、彼らに提示したり、現実として見せたり感じさせたりすることなのかなと思いました。

川場：私にとって農作業をやることは「欲張らなければ自給自足でいいじゃないか」という想いがありました。収穫した作物をバーターして賄って生きていければ、何とかやっていけるんじゃないのかっていう手応えを、自分自身で確かめたかった想いもありました。

それで千葉の鴨川で農家の方たちから指導を仰いだ経緯があります。あの人たちはもう小学生のころからやっていて、七〇年近く稲を育てている第一種専業農家の方なので取材して指南を受けたかったのです。「水の管理が難しい」って最初言われたけれども、五年も続けると稲作は雑草取りだけ頑張ればなんとかなると、わかりました。農家の人たちは「稲作よりも畑作の方が大変だよ」っていう言い方をされていました。

高橋：日本の場合どうしても親は、自分のステイタスというか、自分の仕事に誇りを持っている場合は、子どもに跡を継がせたいという気持ちがあるみたいですね。そのことですごく悩んでいた奥さんがいました。お父さんは議員で政党の役員にもなった人なんだけれど、息子は不登校昼夜逆転だった。そういうケースは栄養失調が多いんですよ。ろくなものを食べていなくて、見るに見かねたお母さんが「是非うちの子を預かってください」と私のところに連れてきたんです。ちょうどその出身地あたりで僕は親の会をやっていたのですが、本当にろくなものを食べていなかったみたい。議員会館にある食堂で食べていたみたいだけれど、朝起きてこないから食べない、昼も起きてこないから食べない、夜だけみたいな生活です。昼夜逆転だから当然なのだけれどね。それで僕のところに研修に来ていた、今もキャリアでバリバリのトップにいる男性に、メンタルフレンド、引きこもっている子どもの要請に応じてかかわることのできる人をお願いしたんです。東大の彼は喜んで引き受けてくれて、上手いこと落ちついて一応そのお子さんは大学までかろうじて行けたんだけれども、成績が悪いから今度は就職ができないわけ。それでその子は「僕は何をしたらいい」って言うから、「何やりたいの」と聞いたら「車の運転免許は取れたからそれで何か食べていきたい」と言う。「それじゃあトラック運送やったらどう?」って言ったら、「議員の息子がトラック?」なんて父親は言っていたけれど、お母さんが「そんなことあんた言っている場合じゃないでしょう、この子が将来自立しなきゃなんないのに」と言ってね、最終的に二種免許まで取ってトラックの自営業をやっていましたね。僕も「お前に負けちゃいられない」と言って、奮起して大型免許を取りました。だから子どもを連れてマイクロバスで、あちこちスキーに行ったりしていました。いや楽しかったです。運転しているときは、誰にも邪魔されないから(笑)。今は全部もう返納しましたよ。「危ないからやめろ」って、子どもに言われて。

勉強するしないはともかくとして、どうしても世間で言う、いい学校に進学したいっていう欲望はあるでしょ、子どもは。農業なんてやってたら、いいとこなんて入れないよみたいな不安も、子どもにはあったんじゃない？　連れていった子は、そうでもない？

川場：そこまで聞いてはいないのですが……。むしろ果たしてそのいい学校に入れれば、俗に言ういいところに行けるのか。企業や法人の多くが内部留保を高めてディフェンスに入っている現在、先ほどの話で言う不渡り手形ですけれど、昭和のキャリアプランがどこまで終着駅を約束できるのか。農作業をやり始めた頃は児童・生徒から受ける悩み以上に、自分自身の中でそういう疑問がありました。ところが驚いたことに、コロナウイルスが蔓延して、組織でも副業やアルバイトを奨励する法人や企業がたくさん出てきた。これからは一つの組織にしがみついていく生き方は逆に潰しが利かなくなり、ある意味リスクが高くなるともいえる。だからwithコロナのキャリアモデルとは、「晴耕雨読」かもしれないと思っています。「晴耕雨読」の「読」はオンライン画面のことで、自分の食糧を家庭菜園や田んぼで確保しながら、テレワークする自主自律したスタイルかもしれません。

高橋：僕のところに来た子っていうのは、高学歴志向、有名大学志向の子たちが多かったんだよね。どちらかというと不登校の子の場合、実力があるかないかはともかくとして、名の通った大学にみんな行きたいわけね。そんなことよりも、君が何をやりたいかの方が大事だろうって言っても「特にない」って言う。何かやりたいことなくて、進学して何すんのと言ったら「わかんない」って。そういうところに行けば、きっといいことがあるに違いないって思っているみたいね。

好きなことがもたらすこと

天童：高橋先生は、子どもの頃の好きなことって何だったんですか。

高橋：私ですか。動物を飼うことです。小さいときから犬、猫、鳥……、いろいろ飼っていたんです。

天童：だから、獣医学部なんですね（笑）。

高橋：そのころから素養はあったかもしれないですね。僕の一番の記憶は、雑種だけれど「コロ」っていう名前の犬を飼ってたことです。昔は映画が唯一の娯楽だったと思うのだけれど、父と母が映画に行こうって誘うのだけれど、「映画なんか見たくない、留守番してる」と言って映画に行かなかったんです。両親が帰ってきたら、私が行方不明になっているわけです。「どこ行った！」って言って探していたら、犬が小屋の外に出てウロウロしている。なんか変だなと両親が思っていたら、犬小屋の中で私が寝ていたんですよね。それくらい動物好きでしたね。母が静岡県の今で言えば沼津市の原っていう町出身で松蔭寺という古いお寺が近くにあった。白隠という和尚で有名な町ですけれど、そこの系列が母の実家なのだけれども、そこの家は農耕用の牛を飼っていたの。「チロ（私のこと）のやついねえ、どこ行ったんだ？　また牛小屋だべ」みたいな感じでした。牛小屋で牛と一緒に寝ているのね。散々怒られたなあ。

天童：高橋先生に好きなことを聞いたのはね、不登校の子が有名大学には行きたいけれど難しい、だったら好きなことをやれと言っても好きなことが無いと言う……でも子どもはね、遊ぶの好きだし、動くものには興味があるものだし、好奇心だって本来は旺盛ですよ。なのに好きなことを聞かれて答えが出ないというのは、別の事情があるのではないか。つまり好きなことがないのではなくて、好きなことをどこかの時点で止められてしまったんじゃないかと想像したんですよ。好きなことが何にもない子なんてたぶんいなくて、昆虫採集が好きだったかもしれない、ゲームや漫画やダンスが好きだったかもしれない。何かが好きだったのに、「そんな将来の役に立たないことばかりしてどうするの」ってやめさせられて、勉強させられたり、塾や英会話や水泳とかの習い事に行かされたのではないでしょうか。

たぶん高橋先生みたいな子どもがそういう家にいたら、犬なんて飼わないで捨ててきなさいって全部ストップさせられて、鳥もメダカも飼えない、好きなことは何もできない、結局やることがないみたいなことにされちゃったのではないですかね。でも実は、好きなことがあれば、いまいる世界が息苦しくなったり、居づらくなったりしても逃げられる。好きなことが、この窮屈な生きづらい世の中からの逃げ場所になる。加えて、好きなことをとことん追い求めていけば、そっちの世界で食べていける可能性が開ける。僕自身が今こういう立場にあるから言うわけではなくて、好きなことを追い求め、極めていけば、その道でなくても関連した職業に就けるし、窮屈な生きづらい世界とは別な世界で、好きなことでつながった年齢層も異なるいろんな友人を作れもする。でもそのことを理解していない大人たちに、子どもらは好きなことをさえぎられてしまった経験があると思います。

高橋：そうですね、予防線を張られている可能性はあると思います。それこそ「そんなことをやって食べていけるのか」みたいなことを、真剣に言われちゃうんですよ。私はもうそういう世代じゃないけれど、今の若い子たちは漫画・アニメ世代ですよね。将来アニメーターになりたいという子がいて、親はなんだそれって言って、否定するわけですよ。「いいじゃない、せっかくそういうところに行けるのだったら行きなよ」と言って、その子は大学の芸術系の学部を出て、アニメ会社に就職して、今は社会人をやっていますね。それからあと一人、女の子だけれども、やっぱりゲームが大好きで、自分でゲームソフトが作れて、親が腹立ててディスプレイを何台も壊しちゃうんだけれども、自分で秋葉原行って部品を買ってきて組み立ててしまう。その子は今、大手のゲーム会社でゲーム作りをやっています。

天童：それはいいお話ですね。だから好きなことを追いかけていければ、そこから仕事が生まれてくるんですよね。

高橋：すごい高給取りで、猫用の道具を買ってきてくれるんですよね。そんなに買ってきて余裕あるのかって言ったら、「男一匹くらい飼えるよ」とか言ってんの。「怖ぁ」と思ったけど。まさかそこまで言うとは思わなかったけど（笑）。

天童：今までの教育のあり方というのは明治期に生まれた初期の国家観に基づいて構想されたシステムであって、根本の思想が一五〇年経った今も変わっていないと思います。国の隅々から多くの子どもたちを集めて、スムースな国家運営のための思想や道徳倫理を伝える。そして新しく生まれた国を支え、成長させる目的のために、有能な人員を発掘する。つまり新しい法律を作り、外交ができ、経済を回せる官僚を見いだすための教育が基本理念として、かつては公にされ、今は秘されながらも継続している。だから、どんどん成績を上げて、偏差値を上げることが是とされ、大学も差をつけ、東大と京大をトップに置くピラミッドを構成して、さらにそのトップとなる人材が重要な省庁の官僚になって国を動かす、というのが理想の教育モデルとされてきたわけです。

けれどもこのモデルはすでに時代遅れとなってしまっている。子どもらに伝えるべき新しい国家理念などなく、経済優先の社会で、清く正しい倫理は権力者や富裕層から先に崩れてしまってお手本になれない。偏差値が高い学校をクリアしてきた子どもたちは、教えられたり指導されたりしたことをトレースすることには優れているけれど、ある意味イエスマンばかりで、新しい発明を生むことは苦手なため、国力はどんどん落ちている。実質の経済力も落ちているから、これから非正規雇用が基本的には定着していくわけで、教育システムとして元々の目的はすでに崩れている。なのに他に良いシステムを思いつけないので、仕方なく管理教育のため、またイエスマンとなる従業員や公務員を生むために、使っているだけの話です。

しかもここ数年、ピラミッドの頂点で起きていることは悲惨です。努力に努力を重ねて教育ピラミッドのトップに立って、上級の官僚となり、国を動かす仕事ができると思ったら、自分たちの選挙の事と、献金してくれた身内への見返り政策にしか興味のない政治家に、公文書の改ざんを命じられたり、数字合わせをさせられたり、勢いで発言してしまったこととの整合性を図るような、無理な施策をさせられている。国会での上級官僚たちの哀れな姿を見せられて、いま優秀な能力を持っている子たちのあいだで、官僚になる子が減っている。つまりこれまでの教育で目指してきた社会モデルはもう破綻している。無理していい大学に入っても、ある程度の給与を得られたところで、安定雇用は約束されていないし、自分のやりたいことなんてやれないことは明らかなんです。それがたぶん川場さんの言った空手形だし、幻だと思うんですね。だからむしろ「好きなことを追いかけていった方が、いい収入を得られる可能性の方がよほど高い」というふうに、あえてこの本では伝えたいし、親御さんにも読んでほしい。

好きなことを小さい頃に止めることは、その子の可能性を摘むというか、むしろ高収入になる道を摘んでると思うぐらいの方がいいのかもしれない。先ほど高橋先生がお金のことを言うのは何だけれどって言われましたが、実はすごく大きいのだろうと思うんですね。たぶん中学高校ぐらいから、これで生きていけるのかな、食べていけるのかなというのが基本的に不安だと思うので、好きなことを突き詰めた方がきっと食べていけるよと伝えたい。

高橋：そういう不安を持った子どもを、安心させるのも親の役割ですよね。僕はね親父に「どうしよう大学落ちたら」って言ったら、「心配ないよ、俺とコンビ組んで漫才やろうぜ」って言ってくれたんですよね。とってもひょうきんな親父でね、それが救いだったなあ。あれで僕は気が楽になった。

川場：私は幼い頃、空襲で防空壕へ逃げ回った体験話を祖母からたくさん聞かされてきました。高橋さんのお父さんや私の祖母は、あの大国アメリカと戦争をして生き延びた世代。あの人たちからすれば、登校拒否・不登校なんて一笑にふされてしまう。でも今の親御さんは、命があれば何とかなるよっていう、そういう生き延びた体験はしていないから……。

高橋：サラリーマンで、高額貰っているからね。

川場：今さら野暮な言い方になりますが、子どもにも、なんとか同じように求めているというか、苦労させたくないという、親の思い込みが大半だと思いますが、親は悩んでおられるんだなあと感じますね。

高橋：私は病弱で、すぐに熱を出した子どもだから、余計に気にしていたかもしれないけれど、体が健康じゃなきゃ何にもできないぞということは、何度も言われてきましたね。私の親戚が御殿場に住んでいるんですが、夏になると御殿場に行ってこいって言われるんです。そこの家は従妹は四人姉妹で女ばっかりなので遊べないから、行っても私はつまらないわけですよ。しょうがないから、近くにある東山湖、ＹＭＣＡの東山荘というのがあるのだけれども、そこまで走って行って走って帰ってくるみたいなことをしていました。今ではあの辺どうなのかわかりませんが、昔は秩父宮様の別荘があったんです。今はあそこに別荘なんて考える人は、いないんじゃないかな。御殿場といったら今、何が有名なんですかね。とうもろこしは昔有名だったけれど、しょっちゅう御殿場に行かされていた記憶がありますよ。

天童：太陽を浴びるのはやっぱりいいですよね。生物にとって基本的なことだと思います。さっきも申し上げたけれど、難しく考えて問題をこじらせているんじゃないのかな、追い込んでいるんじゃないのかなって。

高橋：そうですね、理屈はよく知っていますね、親も。

天童：脳の発達により、人間はことさら心の問題に重きを置き過ぎですね。肉体の内部で分泌されるホルモンのバランスに多大な影響を受ける生物にとっては、ともかくまず、睡眠・食べ物・太陽だと思います。

高橋：そういう意味で僕は、親に感謝していますね。よくぶつかったけれど。

天童：お話を聞いていて、いい親御さんだなと思います。

高橋：当時は喧嘩ばっかりしていたような気がするけれど。

天童：喧嘩ができるほど仲が良かったんですよ。

高橋：今健康でいられるのは親父のおかげかなと。御殿場のおかげでもあるし、御殿場にもお世話になりました。

天童：基礎的な体力がついたことで、心身のバランスがとれるようになったんでしょうね。体を動かすと分泌されるホルモンバランスもよくなるし。

高橋：そうですね。唯一嫌だったのは親戚の女の子たちと一緒にお風呂入れって言われるんですよ。五右衛門風呂なんですよ。知ってます？　五右衛門風呂。上手く板を下に下ろさないと、熱くて入っていられなくなる。昔の荒っぽい親のやりかたかもしれないけれど、感謝はしていますね。また悪いことに、私の家から隣の学校のグラウンドが丸見えじゃないですか。陸上部やらいろいろな部員がみんな走っているわけ。お前も走ってこいって言われるけれど、部活にも入っていないのに走れないよって言っても、強引だったもんな親は。川場さんは父を知らないんだよね。

川場：私は高橋さんのお父さんが亡くなった後に、学生ボランティアとして大須成学園にかかわったから存じ上げないですね。

高橋：父は健康診断を受けて、退院する日に病院でぽっくり逝っちゃってね。朝早くから病院から迎えにこいっていうので「早いな」と思ったら、亡くなりましたって言われて。隣のベッドの人がうるさくて、ほとんど眠れなかったみたいで、可哀想でした。

天童：今回、はじめに挙げた設問に対して、一歩前に踏み出すヒントがたくさん出たと思います。

高橋：僕はランダムに言いたいことだけ言っていますけれども、僕が関わってきた人というのは、不登校と言ってもほとんど非行はないんですよ。非行というのは、反社会的な行動を取る人ね。そういう人がいないから、そっちについてはわからないんですよね。ただ性的な問題を起こす子は結構いましたね。性非行と言うのか、性の問題を起こす人は多かったですね、男の子も女の子も。女の子の場合は、依存的に張り付いて離れないという感じですね……。

Ⅱ　現状編

コロナ禍がもたらしたこと

コロナ禍が顕在化させたこと

天童：ここまで不登校や進路の悩みなど、時代をまたいで普遍的とも言える「子どもたちの生きづらさ」について、ひとまず話したと思います。二〇二一年に入ってのこの鼎談において、コロナ禍というのはやはり見過ごせない問題であることから「子どもたちの生きづらさ」というテーマに照らして、編集部からコロナ禍でのことを話題として加えてほしいという要望がありました。ですので、この辺りで今コロナ禍によって見えてきた「子どもたちの生きづらさ」に関わる問題というのを、話し合ってみたいと思います。

ただし、アマノジャクな小説家として、テレビや新聞等でよく語られている、入学式・卒業式や修学旅行がなくなってつらいとか、部活の大会や対面授業もなくなって、二度とない青春の日々が台無しになったといった、ネガティヴな影響についてはもう取り上げなくてもいいのではと考えています。それはもう一般的なマスコミが繰り返し取り上げている。なのでポジティヴに捉えられる面もあるのではないかと考えてみたい。というのも、もしコロナ禍が若者の　部にポジティヴな影響を与えているとしたら、そこに現代日本の抱える負の部分が見えてくるような気がするからです。

たとえば政治の愚策で全国の学校が一律に休校となって、ある時期学校に行かなくてもよくなったことが、学校に行きたくないという子をほっとさせた面があったんじゃないかなと思うんです。

だって正式に学校に行かなくてもいい状態が続いたわけですよ。嫌で仕方がなかった卒業式にも出なくて済んだことで、ほっとした子が実は結構いるのではないか。

川場：相談を受けた限りではありますが、かなりいると思います。

天童：ですよね。テレビや新聞で報道されるのは、卒業式がなくて悲しかったっていう若者たちの姿なんですよ。でも一方で私の想像だったんですけれど、卒業式に行かなくてほっとしたよって子も実はいるのではないか、それがコロナ禍であぶり出されるべき、もう一つの問題だと思うんです。

それから、マスクをしていても許される社会になったことでほっとする子もたくさんいるんじゃないかなと思うわけです。コンプレックスや見た目で判断されることへの嫌悪、痴漢・ストーカーの被害を免れるためなど、さまざまな事情から マスクで顔を隠したい子がかなりの数いたんだけれど、病気でもないのにマスクをすることは許されずにつらかったのが、マスクをすることが普通になったことで、どれだけほっとしたことかと想像します。学校に行かないことや卒業式がなくてほっとした、学校の行事やイベントがなくなって、皆と歩調をそろえてやらなきゃいけないことがなくなってほっとした、運動会なくなってラッキー、顔を隠すことが常識になって助かった、それこそ死なずに済むくらいに救われた想いでいる子が少なくない、という子どもたちの問題を、テレビとかの多数派に向けたメディアが扱っていることとは違う形で、焦点を当てる必要があると思っています。

むろんこうした子は表に出てこない。テレビやメディアの取材も受けない。あくまで想像によるのだけれど、われわれの社会は目に見えない人、表に出てこない人、声を上げられない人が確かに存在することへの想像力をずっとずっと欠いてきた。でもちょっと考えを巡らせれば、学校でみんなそろって何かをやるということの、同調圧力の問題から解放された、ある一部の子どもたちのほっとした感というのは理解できるんじゃないかと思っています。マスクをしていてよいこと、距離をとって密着しなくてもよいこと、そしてそんなに連絡しなくても言い訳ができる状態も、ほっと救われる人がきっといるだろうと想像できる。いつもは連絡しなきゃいけないのに、「ちょっとコロナだから無理」って断れる。大人社会でもそうでしょう。上司や同僚に誘われた飲み会とかに行かなきゃいけないのがストレスだったけど、コロナで断れるからラッキーという人がわりといる、というのは簡単に想像できるわけで、それは一〇代の子も一緒なんじゃないですかね。そこにわれわれが今まで強いてきた、「みんながそろって何かをやることがすごく大事」とか、「協調や団結のためには一緒にやんなきゃだめ」「プライベートもオープンにして、みんなで仲良く」とかいうものから解放された部分があるのではないかという気がしていて、それが現実のデータや証言と結びつくと、「生きづらさ」の一面がより鮮明に見えてくるのではと思っています。

川場：東北の被災地では「風邪でもないのに、なぜ児童・生徒がマスクを着けるのか」という相談や質問を体育の先生とか養護教諭の先生からたくさん受けました。震災当初、被災地は先の見えない不安が親・保護者を含めて大人には相当高かった。今その話とコロナ禍が重なりますね。約一八万人は義務教育児童・生徒の不登校人数ですけれど、それに高校生まで入れたらたぶんものすごい数の子が、今回のコロナでマスクを着けて、別の意味で救われている側面もあるのかなと思います。

天童：コロナ禍の問題で子どもたちが不利益を被っている、この事実の報告がテレビとか新聞、ネット等々でよく見受けられていて、ＮＨＫの報道番組でも、取り上げられているのを視ました。一般的な報道で共通しているのは学校へ行けなくて、寂しいとか、対面授業を受けられない、授業の遅れの不公平感だとか、給食も楽しくない、あるいは修学旅行がなくなって悔しいとか、卒業式・入学式がなくなって悲しいとかの、ネガティブな報告や証言です。もちろんそれは事実でしょう。ただそればかりが、コロナ禍における子どもたちの真実とは言えないのではないか。自分は小説家なので通常のメディア取材では浮かんでこない真実を、想像力を基として語りたいと思っています。

コロナ禍でほっとしている、コロナ禍で学校に正当に行かずに済んで良かったと、ポジティヴにとらえている子どもたちの存在についても大人全般、ことにメディアや文部行政にあたる人たちには想像力を働かせてもらいたい。給食をみんなと食べなくて済む、食べているところを他の子に見られずに済む。あるいは友達と会話しなくて済むから、会話の輪に入れないことを悩んだり恥と思ったりすることなく、一人ぼっちなやつだとか、空気を読めないやつみたいな外され方をしなくていい。また修学旅行に行かなくて、いじられずに済むという子もいると思うんです。特に、一緒にお風呂に入らなくて済むというのは、実は大きい問題じゃないのかなと思っています。裸という一番プライベートな部分を見比べられずに済む。また卒業式に出ずに済むというのは、無理に感動を合わせなくて済んで、泣くふりとかもしなくて済む。

体育が苦手で運動会がなくて良かった、笑われずに済むからということもあるでしょう。自分の子どもが行っている学校では、クラス全員で息をそろえて縄跳びをするんですが、一人だけ常に引っかかる子がいた。もちろんその子を責めるようなことを今の子たちはしないのだけれど、その子にしてみれば「いいんだ、大丈夫だよ」ってかばわれることさえも、たぶん苦痛だろうと思うんです。運動会自体がなければ、そういういやな思いもしなくて済む。もうちょっと年齢がいくと、嫌な奴と顔を合わせなくて済むということで、成人式に出なくて済んでほっとしている子もきっといるだろうと。そういうことはたぶんデータには上がってこない。表立って口にはできないことなので。だから想像力なんですけれど、必ず相当数あるのではないかと思うんです。この点、現場を知る川場さんはどうお考えですか。

川場：天童さんのお話にもありましたが、現場では児童・生徒同士は距離をおいて関わるという指導が、小学校・中学校・高校すべてで行われています。私の知る限りでは、給食のときに人とも喋らず関わらず、黙々と前を向いて黒板に向かって食べるという黙食が小学校で行われています。中学校においては、学校あるいはクラスによって違っていて、小学生と同じように前を向いて毎日黙々と食べている学校やクラスもあれば、割とゆるくて、おしゃべりしていたりというクラスもあります。中学校の場合は学級担任や学年団と生徒の関係というんですかね、クラスの力みたいなものがあって、その駆け引きで多少のゆるさとか、きつさとかが決まっているように見受けられます。高校生に関しては、むしろソーシャルディスタンスがありがたいという声の方が、私が取材する限りでは多いです。昼休み時間はスマートフォンとかでゲームをやったり、SNSをやっているので、下を向いて食べていても別にボっち感もない。孤立しているというシチュエーションもない。高校生に関してはコロナのおかげで昼食を摂りやすくなっていて、便所飯のようにトイレに入って一人で食べるという行動は、ある程度回避できる。天童さんの今のお話にあったように、とくに高校生は全員ではないにせよ、SNSでつながっているので、女子男子ともに黙食を受け容れているようです。

性教育の必要性

川場：コロナ禍で妊娠相談が増えているということについて、私は当初は「祭りの後」「暗闇祭」のような高揚した気持ちで若い男女がセックスしてしまって……、という勝手なイメージを抱いていました。養護教諭からの報告を勘案すると、どうやら女性の方が断れないとか、相手から嫌われることを恐れてNOと言えないまま妊娠してしまったという訴えが多い。(注3)

それは、一人でいることがつらいということと、根っことしてつながっているのかなと私は受けとめていますが、天童さん、高橋さんはどう思われますか。

天童：私はこのことをコロナ禍だから、ということで語り得る内容なのかなというのが、ちょっと疑問としてあるんです。若い人、ことに中高生の妊娠がコロナ禍でどれくらい増えているかについてのデータのとり方と、そもそも何と比較するのかを含めてなんですけれども、つまりもし、コロナ禍と重なる時期に増加傾向が見られるとして、本当にコロナだから増えたのかということです。一斉休校などホームステイの状態で、子どもたちが長期的に家にいるからなのであれば、春休みや夏休みの長期休暇との差異がはっきり出ていないと、この問題は語れないでしょう。またあえて言えば、若い人が学校でなく、家庭に長くいる状態になったのは、コロナのせいではない。無理筋の政策や自粛頼みの政治の無策など、政治家とその相談役の官僚および専門家と呼ばれる人たちの責任です。そこは見誤りたくない。そして、生きづらいから自殺するというのがイコールじゃないように、学校ではなく家にいなきゃいけないから、避妊をせずにセックスする、というのはイコール

（注3）吉田理栄子「望まない妊娠に直面する若者に今必要な性教育――コロナ禍で露呈した周回遅れの日本の教育――」東洋経済オンライン二〇二〇年七月八日（https://toyokeizai.net/articles/-/360580?page=4）
また、読売新聞朝刊二八面二〇二〇年一二月二七日付

じゃないはずなんですよ。若い人の妊娠が問題とするところは、なぜ彼女や彼らは、将来の人生のことや、望まない妊娠のことを束の間忘れて、性というものに自身の肯定感とか生きるよすがを求めざるを得なくなってしまうのかとか。性に対して男の子は欲望につき動かされるだけで、なぜ避妊に考えが及ばないか。女の子は妊娠という恐怖もありながら、なぜ避妊を相手に求めないで受け入れてしまうのか、という、心理のあり方と性知識のかたよりの問題です。

これは、その子たちが受けている性教育が、どこまで進んでいるのかということが大きく関わってくる問題でもあります。若い人の望まない妊娠が増えているのは、今の中学・高校では性教育においで性交と避妊について具体的にしっかり教えていないからですよ。一時期日本の教育関係者は性教育の大切さに気づいて、欧米に範をとった先進的な性教育を進めていたのです。生命の大切さを伝えるには、どうしても性のことを具体的に教えることは避けられないから。それも踏まえて真剣に向き合っていた。なのにこれをやめたのは小泉内閣のときなんですよね。古い観念に縛られている連立与党の女性議員が、こんな具体的なことまで子どもたちに性教育として教えているのはけしからんと問題化して、小泉さんがその教材を見て「うわ、こんなことまで書いてるの、こんなことはわれわれは自然と学んでいったもんだよね」というようなことを言って、周囲のオジサン議員たちがハハハと笑って、それで結局ヨーロッパでは常識の先進的な性教育をストップさせてしまった。

この大問題によって、一〇代の妊娠問題もそうですけれども、児童虐待も増えたと考えるべきです。虐待の全部ではないけれども、多くを占めているのが、望まない妊娠でできた子どもの問題です。時々事件が起きてテレビで見ると、二〇代前半から半ばの母親が子どもをネグレクト（育児放棄）して死なせたとか、つき合ってる男がわが子を虐待するのを止めなかったと責められている。でも、たとえば二四歳の母親の五歳の子といったら、一九歳で産んでいる。つまり一八歳で妊娠している。私たちが一八、一九歳のとき、赤ん坊の夜泣きとかおむつ替えとかをできる？　っていう話なんですよ。三〇代くらいの大人の夫婦間でも、育児のストレスは離婚原因にもなるような大きな問題なのに、一〇代、二〇代前半の女の子が、無責任な若い夫もしくは恋人に早々に逃げられて、一人で赤ん坊を育てなきゃいけなくなったとしたら、とても十分なことができるわけない。でもある時期まであの子たちは一人で耐えてやってきたんだよ、って私は思っているんです。それがとうとう我慢できなくなって、もうキレるようにして、ちょっと置いて遊びに行ったときに火事が起きたとか、寂しさに耐え切れずに恋人を作ったら、その相手がたまたまひどい男で、子どもが虐待で殺されたりとかしたあとに、社会から、ことにインテリの男中心社会であるメディアからひどく叩かれているんですよ。しかも子どもの実の父親は、罪の元凶を作っておきながら、罪に問われるどころか、話題にものぼらない。このことは日本社会の構造的な問題で、その背景の一つは性教育の欠如です。むしろ語るべきはそっちなんじゃないのかなと、若年層の妊娠問題がコロナ禍の中で出てきているなら、これはいい機会だから性教育をもっと充実させようって話を国会でしてほしいと思っています。

川場：当時首相の小泉さんが少子化の流れの中でそういう発言をしたのかなと……。なにか陰謀論を考えてしまいますけれど、その結果「子どもの数が増えればいいや」みたいな……。

天童：いいえ、あのときの保守的な与党議員は、性教育をセックスを勧めるものだと勘違いか邪推かをして、寝た子を起こすような教育をしていいのかと言って、性教育を止めさせたんです。性教育の本来の意味と目的に対する知見が欠如していたのだと思います。しかも今やどんどん少子化が進んで、「寝た子を早く起こさないと、国民は壊滅的に減少して、日本はもうもたないですよ」というぐらいになってしまっている。現実に、結婚しない人は増えているし、セックスもしなくていいと思っている若者も増えている。そもそも二次元空間のアイドルや仮想恋人で充分で、三次元のリアルな恋人なんて、いろいろ気をつかわなきゃいけないし自分の大切な時間を他人に侵食されるなんて、いやだ、めんどくさいと思っている子は今後さらに増え続けるでしょう。「しなくたっていいじゃん、だって自分の好きなことやってた方が絶対に得だし」と言って、結婚するよりは自分の生活の自由を保った方がいいと考えている。結果、少子化にどんどん拍車がかかっている。一つは政治家の問題。大いに反省して修正してもらいたいです。もう一つは社会構造の問題で、経済界も含めて競争社会、経済優先社会を作ってきたことが少子化に拍車をかけている。もう一方では性教育をしないがゆえに、望まない妊娠が多くなって、そこで虐待も生まれているという事実は、かなり深刻な政治問題だと私は思っています。

やはり、避妊を含めた生命教育は絶対必要です。望まないのに一〇代で妊娠すると人生が本当に変わってしまうので、そこはもう当事者の人生だけでなく、生まれてくる赤ん坊に対する救命行為でもあると思って、避妊を含めた生命教育は絶対にやらないといけない。

高橋：性教育は一般的に道徳教育という点でね、人間に枠をかけているという、そんな感じがしてならないけどね。僕、動物のお医者さんとして言うつもりはないけれども、やっぱり実際には生命教育だと思いますよ。

天童：そうですよね。

高橋：同じことはほかの動物だってやっていて、ほかのケモノと一緒にお前はされたいのかというようにね、時々怒鳴りたくなることあるんです。というのは、某公園でよからぬことをやっていた男子女子の身元引受に行ったことが、何回もあるんですよ。お前らもう、いい加減にしろって、あのときは腹立って怒鳴りましたけれどね。警察に保護されるというのは、相当なもんですよ。あれは参ったよなあ。

天童：日本は性のことを倫理的、道徳的に見すぎですね。性衝動はホルモンの分泌ですから、道徳で縛ろうとすること自体に無理がある。もっと科学的に生命の問題として、精神的にも経済的にも未熟な若い人たちを、大人が保護するために必要な教育であるんだというように変わらないと困ります。

高橋：日蓮も親鸞もね、妻帯しているわけですよ。仏教でもってしても、性欲というのは押さえ難くて、生きていくありのままの姿がそこにあると思うんですね。そういうことを、大切に生きていくありのままの姿、本能といったら怒られるけれども、そういうものが性に関係しているということを、理解してほしいというのは思っていますね。

天童：一部の政治家たちの古い倫理感や感傷的な感覚で、この問題が片付けられ抑圧されてしまっていることに、日本の大きい不幸がある。連立与党の議員からの要求だったので、政治的思惑で政権も聞き入れる必要があったという側面があったとは思いますが、データを取り始めて以降、児童虐待の相談件数は毎年最多を更新している現状にいたったからは、超党派で、男たちの育児の責任も加えた性教育の重要性を議論し、性教育法のようなものを制定してもらいたいくらいです。

高橋：日本の性文化って、少なくとも『源氏物語』のあたりはめちゃくちゃ天真爛漫ですよね。

天童：奔放ですね。

高橋：江戸時代も、結構似たようなもんでしょう。いつぐらいからなんだろうな、こんなふうになったの。

天童：明治でしょう。多くの藩に分かれていた社会を一つの国としてまとめてゆく必要から出てきたものだと思います。ちなみに公的な性売春の禁止は、外国人が多く入ってきて、遊女たちの性奴隷的状態を見とがめられた上、外交上劣った国に見られると不利益だったからです。伝統的な道徳や倫理感で禁じたわけではありません。いわば明治になって、開国してからの外圧です。

高橋：明治？　そうか……。

川場：学校の現場ではLGBTという言い方で性の多様性、つまりいろいろな性を自認している人がいることは保健室の壁新聞も含めて認識されつつあります。教員の組合員数が減っているせいか、経済学者ダグラス・ノースの言うところの「制度依存」が昨今強くなっていて、ＬＧＢＴは鶴の一声で入ってきている側面もあります。

児童・生徒目線では、サブカルチャーの影響を受けていることもあって、いろいろな性があるんだということに対して、出る杭……にはなっていない。これだけ空気を読まなきゃならなくて、一〇代の児童・生徒が個性を煙たがる今の学校生活において、極端なヘテロセクシズムに陥らない。性の多様性については比較的に開放的なんです。そこは一つ面白いなと私は受けとめています。人間にはいろいろな性のつながりがあるという捉え方が、コロナ禍の学校の醸し出す閉塞感に対して何か一つの突破口になるのかなと。楽観的かもしれませんが……。

孤独と孤立の違い

高橋：今、天童さんのおっしゃったことは、全部不登校の子にも当てはまるんじゃないのかな。僕はそういう子とばかり会ってきていて、子どもたちはすごく喜んでいるだろうなって実は思っていたんだけれども、そういう声は実際にメールで来ます。「学校が休みになってほっとしたよ。これで行けっていう親もいないし、来いっていう先生もいないし、遊ぼうっていう友達もいないし、一人でいられるから安心」と。孤独と孤立は違っていて、彼らは学校に行っていなくていつも孤立しているけれど、孤独ではないんですね。中にはそうでない子もいるけれど、一人の時間を楽しんでいる。たぶんそれは漫画・アニメ、あるいはＩＣＴ（情報通信技術）があって一人で十分過ごしていけるんです。学校行くと「お前、今何やってんの」って聞かれたりする。いちいちそういう応答が嫌な子たちなんですよ、不登校の子というのは。対人関係に課題があり、そういう意味で不登校関係の子はほっとしていますね。

天童：今孤独ということが挙げられたので、ちょっと言っておきます。私のデビュー作は『孤独の歌声』というんですけれども、それは約三〇年前の当時から孤独というのが、一人でいることが悪いことのような、同調圧力的なものが社会にあったので、私は強い違和感をおぼえ、一人がなぜいけないのかという思いをテーマに据えて執筆したものです。孤独でなければ自分の考えを深めることはできないし、自分の人生だとか、あるいは来し方行く末を見つめることもできない。社会が一人でいることを、なにか悪とするような風潮がありますが、孤独であるのはむしろ大切なことなのではないかと思っているんです。プライベートな自分の大切な部分を奪われずに済む、それを浸食されずに済む。「個」というのを大事に持っていける時間というのは、その人を自立させもするし、自分にとっての幸福や善悪という重要な命題を見つめ直す機会にもなるだろうと思っています。そんな大切なものを奪っていくような、この社会の風潮に対し、すごく違和感がある。

高橋：僕は二つ目の大学が、ミッション系の牧師になるための大学なんですよ。すると教授陣がほとんどアメリカ人とか、イギリス人、ドイツ人なんです。彼らは孤立するな、孤独になるな、人と関係を持てと言う。アメリカナイズされた思想でやらされるわけですが、僕はそれをやっていられない、付き合いきれない。そうすると、高橋は無口だとか言われる。静かでいることが別の言い方をすれば、静寂でいることが批判されるんです。もっと友達と付き合いなさいって。「うるさい、ほっといてくれ」って言いたくなったけれど、あまり言うと進級落とされるので静かにしていましたけれど（笑）。日本の教育の中では、おそらく中学校・高等学校ぐらいまでは、人とおしゃべりができないでどうするのっていう教育ですね。大学批判になってしまうかもしれないけれど、ある大学なんかディベートのグループがあって、相手をやりこめるぐらいに喋らなきゃダメだみたいなトレーニングしているわけでしょ。そういう意味では、あの大学行かなくてよかったなと。行かないけどね元々。本当に、黙っていても放っておいてくれる大学で良かったと思った。

天童：自分がしている小説の仕事は一人でやる仕事なのですが、若い頃は映画や演劇の世界にいましたし、放送の世界で仕事をしたこともあるので、もともと集団で何かをやることが嫌なわけではありません。ただ表現を深める作業はどの媒体であっても一人の時間がないと、集中できずに不可能になるので、いつもみんなでチームワークを保って、と求められるのはすごく苦痛というんですかね。みんなでやらなければいけないこと、あるいはみんなでやれば楽しいこともたくさんあるけれど、それに自分の時間をすべて持っていかれたら、たぶん息が詰まっちゃいますし、考えを深められない。自分の時間、一人でいる時間が認められているかどうかというのはすごく大きい、そこから先はちょっと入らないでというプライベートな部分は、誰しもが持っているはずなんです。特に子どもの頃は、一人きりになる場所や時間を作ることが良くない、みたいな風潮というか常識みたいなものが、自立心や個性の芽を摘む原因になっている可能性があると思う。

同調圧力というのは、皆と同じだと問題ない、同じでなければいけないみたいなことなんでしょうけれども、私が感じるのはこういう言葉があるのか分からないんですけれども、「常識圧力」あるいは「幸福圧力」というのがあると感じます。みんなで一緒に力を合わせて何かやるのが良いことだ、みんなで一緒に食事をすることや同じ釜の飯を食うのはすごく幸せなことだというのは、江戸時代の文化にはそぐわない。新しく国家が造られた明治以降、それも各地から徴兵されて創設された軍隊のにおいがします。みんなで一緒にお風呂に入って裸の付き合いをするっていうのは良いことだみたいな感覚もそう。ともかく各家にお風呂がないのが普通で、みんなが大衆浴場に行くしかなかった、日本全体が貧しかった時代に作られたような常識や幸福概念をいまだに持ってこられて、修学旅行でも今なおみんなでお風呂に入るとか、みんなで食事をするとかいう状況が続いている。そういうことが苦痛な人が現実にいるはずなのに、繊細さを欠いた蛮カラな印象の常識観や幸福観の圧力が、目に見えない分すごく強い。それで苦しんでいる子というのは、このコロナ禍によってずいぶんほっとしているのではないかな。私はまったく若い子たちとふれ合う機会がないので、すべて想像で語ることなんですけど、こういう常識として放置されてきた圧力が、子どもたちを苦しめてきたこともこの社会には実際にたくさんあったろうと思いますし、それが、高橋先生がおっしゃったように、子どもたちを不登校に追いやったり、いじめを誘発させたり、あるいは自殺の方に追いやったりしていた面があるのではないかと。

高橋：本当にそのとおりだと思いますね。山梨で僕は子どもたちと廃校で生活体験会をやっていたんですが、「まあ、そういうあなた方の個人の主張はわかるけれども、やはり学校という集団で僕たち生きていかないと、その先がなかなか開けないんだよね」という時代でした。借りた廃校の教室って二〇畳くらいあるのかな、そこに畳をダーッと引いて、男の子は男の子、女の子は女の子の部屋で、自由にしていいよ、寝たければ寝ていいよっていうような体験会をやっていたんですね。ただ顔を見たいから、食事だけは一緒にしようと。「みんなの家でも、食事に来ないとお父さんお母さん心配するだろう」みたいな口実を設けて、一緒に三食摂っていたんですけどね。どうしてそういうことをするかという意味を伝えていけば、子どもは納得して、一緒に寝るし、食事も一緒にする。あのとき浴槽が二つしかなかったんだけれど、男の子の時間と女の子の時間を分けていて、「時間どおりに入らなきゃ、女の子の寝る時間が遅くなるよ」みたいな、わかりやすい理屈をつけて「お風呂に入っちゃえよ、何時までだぞ」という規制は一応できていたんですよ。それが規則というもんだみたいなことで、不自然でもこじつけてやっていましたけどね。私のところに来てまでも「何時までに入ったらいいの」と、聞いてくる子がいたもんね。日本の小中学校の教育というのは、すごい習慣を身につけるんだなってつくづく感心しました。うちに来ていただいてたぶんわかったと思うんですけれど、うちの隣が学校で丸見えでしょ。そうすると、先生たちの欠点を突くわけよ、子どもたちが。本当に僕が感じていたことそのまんまだなぁなんて思いながら、聞いてましたけどね。

先ほど言った、否定的拒否的依存みたいなものも、彼らは堂々と主張するようになるわけですよね。それが主体性だろうみたいなこと言って、一応僕はバックアップはしましたけれど、そういうことを認める教師はあんまりいないからな〜。

川場：私が中学校・高校の時は、孤立に高いと書く「孤高」という有り体がかっこいいというジェンダーイメージがありましたね。だから、男子が群れたり、わちゃわちゃやるのは恥ずかしいという気持ちがありました。エーリッヒ・フロムは「孤独でいられることが人を愛する、愛される条件」という有名なフレーズを残していますが、孤立状態とフロムの指摘する孤独は区別したいですね。

今は小学生高学年・中学生・高校生の子どもたち同士、リスクを避けるために良い人間関係を作ろうという意識が働いているように感じます。とくに中学校や高校では対人トラブルも含めてですけれども、問題を起こすと生徒指導なり、誰かの親が入ってくるので、計算できる子はリスク計算している。なるべく問題を起こさない、良い人間関係でいようとしている。天童さんのおっしゃった本当の人間関係、ぶつかったり喧嘩したりということも、あとあとが面倒なのでなるべく問題を起こさないように回避している。学校の方の対応としても、とくに中学校の話なのですが、クラス外の交流もなるべくなくす。いわんや上下間、二年生が一年生・三年生とお付き合いするとか、関わるというのは、部活動や行事を除いてほぼ禁止だったり、制限を受けているんですね。もう自分のクラスの中でのお付き合いしかない。

コミュニケーション能力と人間関係

天童：コミュニケーション能力が、最近は企業でも新入社員採用のポイントみたいなことになってきていて、そういうこともあって学校も含めて、あるいは生徒も含めてコミュニケーション能力みたいなのをすごく大事にするのだけれど、それは狭くないかというのを思うんですね。コミュニケーション能力なんていうけれど、話を合わせるだけだったら、新しいものなんて生まれないんですよ。やっぱり大事なのは、個でどれだけ考えこめるかということであって、上っ面で話しを合わせたってイノベーションという生産技術の革新や新商品の発明、新市場の開拓なんて生まれないわけです。個人個人が真似事でない独自の生活の中で、これが不便だからじゃあどう有効にしようかとか、どうしたら便利になるのかとか、そういうことを考えこんで、形にして、こういうのはどうでしょうかと上司や取引先相手に提案するときには、たぶんコミュニケーション能力なんか必要ないというか、自分独自の考えで持ってくる力が問われるわけで「あいつコミュニケーション能力はないけど、持ってくるものが面白いな」という人が、本当は採り上げられていくはずですよ。なのに話を合わせて波風立てないのが良くなってきているということ自体が、この時代の社会をどんどん退潮させていっている、かなり末期的な状況になっているんじゃないのかな。大人の世界の反映で、子どもの世界にまで上っ面のコミュ力が入ってきて、それがサバイバルの一番になってしまっているのは残念過ぎる。
五輪開催直前に辞任されることになった森前五輪会長の発言も、もちろん大きな問題になったのは女性蔑視の発言なんだけれど、本質的には上の言うことに文句言う奴はいらない、という見方が根底にあることが本当の問題でしょう。話を長くしない、上が決めたことには従うというような、いびつなコミュニケーション能力が上長に求められている。保守政治家あるいは社会の主流の古い人間にある、ともかく俺たちがいろいろと下々のことまで考えて決めたことなんだから黙って従ってればいい、というカースト的な文化が、日本社会に長いこと根付いていて、そこの悪癖が見事に出たということで、辞任で終わってはいけない、本当に変えてゆかねばならない社会的課題です。あの女性蔑視の発言に潜んでいる無自覚の差別意識、そういうカースト的なものに従って波風立てないのが良いコミュ力だという考え方が子どもの間にも広がっているのではないかと懸念します。このままだともう、本当に良いもの、新しいものは生まれなくなってくるという、漠然とした嫌な予感の中に、このコロナがきて、いろいろと社会の問題点が表にあらわれてきた。これを機会に不要不急の圧力を見直すきっかけになってくれれば、良い方向に転換することもあるのではないかなと、期待していますけどね。

高橋：私はパラリンピックのある役員をしていたのですが、コロナのテーマはね、パラリンピックではほとんど出てこないんです。身体障害があれば、余計リスクは高いんだよね。でも僕は、新参者がこんなこと言っていいのかなという遠慮があるんです。これは日本人の悪い癖だと思う。積極的発言が苦手という、悪い癖。パラリンピックには女性の委員が多いんですよ、男の人は何にも言わないみたいな、森さんとは逆のことを言われちゃうんだけれど（笑）。でも言わなきゃならないなと思って、言ったんですね。今はリモートなんで、コロナのことを配慮してほしいし、もうちょっと男性の委員も増やしてほしいな、なんて半分冗談で書きましたけれど、「さんせーい」といってみんな万歳で手を挙げた返信をくれましたけどね。なにか、あまり公にものを言えない、コロナの場合もそうだけれども、表に出さないように出さないようにして、不信感だけが募って、「あの人、この頃見ないけどコロナじゃないか」みたいなね、かえって悪い方向に行くようなことも起こっているような気がするんですね。

日本はケガレを嫌う風習がありますよね、それと同じような感じを、少し感じるんですよ。コロナも、はっきり言えばそんなに今までのインフルエンザみたいな感じではないし、O-157でしたっけ、ああいうのに比べたら、獣医学、獣医師の立場から見たら、伝染力はすごいけど、感染力はどうっていうことないのになって思うけれども、いつ急性に転化するかわからないというところで、恐れをやっぱりみんな抱いちゃっているんだなという感じがします。それが学校の方でも、おそらく恐ればかりを強く抱きすぎて、あまりにも萎縮しすぎているなって気がします。今日ここへ来る間、結構電車の中は混んでいたんだけれど、その中に一人だけかな、マスクしていない人もいたけれど、文句を言う気きはしなかったんで黙っていましたが、結構どこも混雑していますね。自分自身がそういうラッシュ時間帯に出て歩かないから、他の時間については全然わからないんだけれどね。

天童：今、自分が想像力で話した、給食の問題や互いのコミュ力を測るかのような会話の問題。顔を含めてプライバシーをさらすことが求められている日常。あるいは修学旅行、卒業式、運動会などの行事において、一緒にやることがいいんだというような常識圧力。これらによって、不登校だったり、いじめの誘発だったり、自殺の原因となったり、ということがもしあるのだとしたら、このコロナをきっかけに、このように修整、変更されれば、もうちょっと子どもたちがつらくなく学校に来られるようになるんじゃないかという項目みたいなものは、現段階で川場さんの中にありますか。

川場：皆さん孤立を避けているので、グループというか一つの島というか、そこからあぶれると、おそらく不登校になるか、転校するかという0か1かの選択しかない。今の質問のお答えになるかわからないですけれど、コロナウイルス蔓延のおかげで、みんなで良い人間関係やキャラを作らなくてもいいよ、というセッティングがリモートのオンラインで可能になるか、私はちょっと期待しています。ただし、人間関係を作るためのいろいろなグループトレーニングとか、その関わりはどこかで作っていかないと、良い人間関係だけだとやはりお互い苦しくなってしまうのではないかと思います。

高橋さんのところの大須成学園でグループトレーニングという活動もやっていたと思うんですけども、どうでしょうか。

高橋：私が心理学に入るきっかけになった早坂泰次郎という、対人関係の名人というような教授がいたんだけれど、私は彼の指導するところでインターパーソナルリレーションシップトレーニングという対人関係のトレーニングを何回も受けさせられて、免許皆伝とまではいかないけれど一応いいよみたいに言われたんですね。僕たちは表面はうまくやりくりしているけれど、「お前は本音のところで自分の本当の気持ちを伝えていないんじゃないか、本当のこと言え、バカヤロウ」なんて早坂先生に怒鳴られながらやっていました。でも世間的にはそういうことをやっていると外れものになるから、そんな本音ばっかり言ってはいられないよって内心思ったんだけれど、早坂先生には言えなかった（笑）。

実際、本当の対人関係を築いてこうと思ったら本音でいかないとまずいよねっていうのがあるんですね。頭だけ良くったって役に立たないんだ、頭で言うことじゃなくて気持ちが大切なんだっていうことを、早坂先生からよく言われていたので、子どもたちにもそれをしたかったんです。私のところに来た不登校の子は、うわべだけいいわけです、とってもいい子なんです。だから私はもう放ったらかしといても、全然気にならなかった。でも恥ずかしさは人一倍あるわけです。山梨県の南の方に下部温泉という温泉があるんですが、そこに行くと当時混浴だったんですよ。彼らは恥ずかしくって入れないわけ。脱衣場は別だけれど、中は一緒なんです。マッサージのおばあちゃんたちが昼間からお風呂に入っているわけだけれど、「お兄ちゃんこっちこい、少し腰揉んでやる」と言ってね、素っ裸で湯船の縁に座らせて腰揉んでいろいろやっていただいたんだけれど、先ほどおっしゃったように、そういう習慣というのは都会の子にはないわけです。お風呂が皆家にあるので、銭湯に行った体験がないという子たちを僕は連れて行ったんですけどね、彼らにはおそらくない経験なんです。食事も他人と一緒にすることもないんですね。僕はあのとき強引なこじつけですけれども、「ここにいる人たちはちょっと人数多いけれど、他人家族だから。他人家族って、他人なんだけれど人が集まって家族なんだから、家族と一緒だよ」っていう話を、よくしていました。ちょうどその頃、川場さんも研修か実習で来ていたんだよね。そんなことを言っていたんですよ。僕が他人家族だっていうこと言っているのは、たぶん聞いているよね。そんなことを言っていたんですよ。僕が他人家族だっていうこと言っている家族でうまくいくわけないだろうなんて、かなりきついこと言っていました。他人家族で練習しなきゃ本物の家族でうまくいくわけないだろうなんて、かなりきついこと言っていました。親子関係で四つに組んじゃって、お父さんお母さんの方も未熟であるんだけれど、家にいられなくなった子たちが多かった。出ていけって言われた子も多いね。行くところがないと言って来た、そういう人たちが多かったです。

天童：お話を伺っていて、ある程度対人関係が密になり、お互いが生活を共にすることによって、恥ずかしい部分も共有したり、そんなかっこいいところばかり見せられるわけがないのだから、だらしないところも見せたりして、それが共有されることによって心がほぐれてくるようなことが、たぶんあったんだろうと思います。

学校というところがある種いいところだけを見せに行くような場になってしまっていて、恥ずかしいところ、だらしない部分は極力見せない場所になっている分、通う子たちの緊張感はすごく強いでしょうね。その中で、給食だとボロボロこぼすんじゃないかという、恐怖があったりすると思うんですよ。人前で食べるのが嫌だとか。音をさせて食べるのが恥ずかしいとか、食べるのが遅いだ早いだいろいろ言われるから嫌だとか、運動会なんかも同じようなことだろうと思うんですけれど、とにかく自分のマイナス面を見せたくないという緊張感の中でバリバリに固まっている。それが嫌で、だったら行かない方がマシだとなっていくんだと思うんですね。

社会の大きな流れは変えがたいところもあるので、個人的には、そういう場にあえて合わせる必要があるのかという考えが一つある。それと、このコロナ禍で私が思っているのは、運動会はもうなくてもいいんじゃないかということです。発生から二年が経過する中で、運動会が二回なかった子もたぶんいるはずで、それでひどく不都合があったのかというと、そうでもないんじゃないでしょうか。みんなで一緒にやる、協力することがいいことだという考えを全否定するつもりはないけれど、集団でそろってやる体操や騎馬戦やダンスじゃなくたって、川場さんや高橋先生がやられていたような、農業を皆でやりに行くとかだっていいわけです。運動能力の差をあえて見せつけるようなことであったり、運動能力のレベルを全員でそろえなければいけないというのは、圧力ですよね。縄跳びを三五人一斉にそろえて飛ぶというようなこと、できない子がいて当たり前なんだけれども、できない子がいると、責められたりかばわれたりする。かばわれることがどれほどつらいかということを、もっと考えた方がいい。運動会は諸外国にはほとんど例がない。日本独自のもので、これも始まりは明治なんですよ。富国強兵の一策として学校で兵式体操というものが実施されたのが運動会へとつながってゆく。軍事教練の影響は全体行進や組体操などにも色濃く残ってます。平和を

願っている国ですし、コロナでなくなっても大きな支障はなかったのだから、この際なくしたって
いいんじゃないかと思います。

それから修学旅行で全員そろってお風呂に入るっていうのだって、高橋先生がやったような大勢で何日も過ごしているうちに、少しずつ入れるようになるようなものなのに、いきなりじゃあみんなで入れっていうのは、かなり無茶なんじゃないかと。時代は変わっているし、高校生だと修学旅行も外国に行っていると思う。そういうところはたぶんパーソナルな個室、シャワーだと思うんですよね。だから、国内旅行でもそういうふうに変わっていいんじゃないかと思う。裸を見せ合うということに対して、もっと教育者として慎重であっていいんじゃないかというのは、コロナのことをきっかけにして、ちょっと関係者に話し合ってほしいですね。

川場：今、児童・生徒に一人一台タブレットを渡して、そこで学習を進めていくＧＩＧＡスクールという施策が、前倒しでどんどん入ってきています。タブレットで教員とつながったり、クラスメイトと濃いかかわりでなくて薄くつながれる状態です。かつてテレビ放送やサテラインなど通信制高校で行われていた遠隔授業が、義務教育学校にも浸透していったことで、これまでと違う可能性はあるのかなと。

高橋：僕はスクールカウンセリングをやっているけれど、主にやっているのは高等学校なんだけれど、そこはもう、全生徒がタブレットを持っているんです。あの子たちはだいたい中学校くらいまでに、タブレットを十分使えるようになっているんです。高校の教師の方ができない（笑）。僕は相談室

のボスなもので、担任の先生が「先生どうしよう、私タブレットできないんだけど」と言ってくるので、「生徒にこっそり教えてもらいな」なんて言っているんですけれども、ＩＣＴに関していえば子どもの方ができがいいですよ。そういう意味で、ＩＣＴに関して言えば、先生たちはもっと謙虚になってね、子どもたちに習ってもいいんじゃないかという気はしますよね。ましてコロナで学校が休みになっている間に「ひそかに勉強するというのもありだよ」みたいに、僕は入れ知恵しているけれども。生徒たちはもうそれを実用で使っているわけですよ、コロナでね。先生たちはまだ試用段階だろうなと思って見ています。大学の先生になると、失礼だけれど、もっとできが悪いですよね（笑）。

川場：私もタブレットはやったことないです。

天童：うちの子どもの話だと、先生が使い方を聞きに来るって言っていましたよ（笑）。

　これからやっぱり学校は、対面授業はどんどん減っていくという方向性なんですかね。

川場：グループで解決したり試行錯誤する課題解決型の学習は、たぶん残っていくし、そこが学校の肝（きも）というかポイントだと思うんです。完全にリモートで、一人で自宅でというのは、おそらく児童・生徒のモチベーションだけでなくて、いろいろな力を削ぐだろうと私は推察しています。そこは先生たちが対面でしかやれない核心部分になってくると思いますね。単なる知識の伝授はＡＩでも使えるし、すでにスマートフォンでできている。けれど人間しかできない指導、たとえばグループ運動など身体の教授はたぶん対面授業で残っていくと思うので、むしろ学校の先生たちはこれからが本当に勝負になってくると思っています。経済学者の中室牧子さんが海外の調査を引き合いに出して報告していますが、児童・生徒の成績や学力の向上は、児童・生徒が教科担当や学級担任を人間や異性として多分に好きであるかどうかにかかっています。

また、人間関係の現場であるから、児童・生徒と教師の関係性はコインの表裏の側面を持っています。何を言いたいのかというと、児童・生徒のモチベーションが落ちるということは、教師のモチベーションや働きがいも落ちるということです。見過ごされやすいポイントではありますが、実は怖いことです。

天童：文部行政に、今後どういう世界になるから、こうした若者を育ててゆく必要がある、という将来の理想とヴィジョンに基づく、長期的にぶれない計画があるかどうかですよね。計画に従って動くほかない現場の先生にはどうにもならない。ともかくこれからはＩＴだし、管理も便利だからタブレットを使おう、配ったからにはもったいないのでどんどん活用するように、ただし活用法は現場におまかせで、みたいなことを上から言われてやっているだけの気がする。タブレットが各生徒に無料で支給されているのは、ＩＴ産業や通信業界の経営戦略も絡んでのことでしょうね。対面授業や実験などが減ってゆくなか、これまでの指導要領どおりに実施していくにはリモートもしょうがない、リモートでも授業をやれば進行上の遅れは取り戻せるだろうみたいな、やや短絡的な方向性ではないのかなと危惧しています。

社会性というのは、先ほどと矛盾するような言い方になるのかもしれないけれど、みんなで何かをするということが常に悪いわけではなく、いい面も当然ある。孤独と協力のバランス関係が大事なわけで、そのバランスを学ぶのが学校であってほしい。このまま「個」ばっかりをリモートでやっていくと、川場さんがおっしゃったように、子どもが本来持っている力、芽を伸ばさないまま終わってしまうようなことが、問題化してゆく気がします。

川場：ＬＩＮＥとかのＳＮＳで人間関係がトラブって、それを解決したいという相談も受けるのですが、ＳＮＳでそもそもお互いを理解しようということ自体が不可能ですよ、と私はまず先に伝えています。ビジネスマンが多用するＳＮＳというのは、ビジネスマナーに基づいた暗黙のルールやエチケットを前提としてスタートしている。そのルールを踏み外しての児童・生徒のＳＮＳトラブルというのは、なかなか解決は難しい。リスク管理ができないなら、そもそもＳＮＳを使わせるべきではないということを常々感じています。ＳＮＳとはＰＴＡの連絡網とか消防団の緊急情報網とか、そういう基本情報をリアルタイムで伝達するツールに過ぎない。

失われるんじゃないかと私が危惧している能力とは直感力で、ＩＣＴだけに依存すると確実に落ちるのではないのかなと思っています。直感というのは、幼児期からの日常生活で体験するさまざまな探索活動を通じて培われてくる、身体を通じて醸成される非言語的イメージや閃きというんですかね、そういうものだと思うんです。

たとえば高橋さんがアニマルセラピーを熊本の阿蘇、山梨の北アルプス、大阪の障碍者乗馬、東大牧場などでやっていましたが、子どもが生きていく上で、ああいう実体験を通して培っていく営為が直感力のベースとしてあって、リモートとかICTだけで子どもを育てていく場合、直感力の醸成は難しいだろうなと思っているんです。もちろん直感力だけでは足りなくて、それを筋トレのようにコツコツと開花させて世界へ発信していく3R（読み・書き・計算［reading, writing, arithmetic］）のリテラシーも重要になってくる。他国に先駆けて日本はこれらの条件を備えるソフト面のインフラを経済大国になるぐらい戦後から積み上げて潜在的に持っている。先行きの見えないコロナ禍の将来で、日本の教育現場は実は宝庫なのです。直感力とは大学受験数学の解法とか、そんな程度のテーマではない。

高橋：それは生き物のぬくもりとね、機械の電気エネルギーの熱は全然違うんでね。生き物の方でも人間の体温が恋しいから、寄ってきますよ。これは獣医として言わせてもらうけれども、パソコンに寄ってくる馬とか犬猫はいないですよ、本当に。馬の場合ですけれど「お、高橋が来たぞ、あいつのところ行くと撫でてくれるから」と人間に寄ってきます。その辺りが全然違いますね。

天童：それはたぶん肯定感を与えてくれるということでしょうね。あなたがいることはいいことだと、存在していることを認めてくれる存在が人間や、生きものでないと与えられないし、分かり合えないというか。最終的に、「君は生きていてもいいよ」っていう暗黙の肯定感を、お互いにやりとりしているので、それは機械では無理です。集まって一緒にただ遊ぶというだけで認め合っているわけだから。ボールのやり取りだったり、あるいはいろいろな遊び道具のやり取りの中でも、認め合っている。その象徴的なものがキャッチボールですね。父が子にキャッチボールを教える、というのがアメリカの文化として根づいているらしくて、映画で父子のキャッチボールのシーンはことに美しく描かれるんだけれど、あれは肯定感を父が子に与えてるんでしょう。その肯定感を社会も与えるべきとき、学校だけに背負わせることは無理があるだろうと思います。むしろ学校外の活動がもっと認められた方がいいと思うんです。学外の活動の方を重視する社会になったら、就職の時も「ああ、そんな面白いことやってきてるんだ」というふうになる。福祉のボランティアや、演劇活動やっているとかね、「人の中で揉まれているから先々楽しみだね」というようになっていってくれるといいなと思います。

フリースクール

高橋：学校以外でやっていることを認めてもらったのは、たぶん僕が一番初めじゃないかな。文科省は、フリースクールなんか最初認めていなかったんですよ。たぶん私が一番最初じゃないかなと思うんですよね。いろいろなところで、いろいろなフリースクールを始めたでしょ、全部学校の授業として認めないってなっちゃったんですよ。だけど私のところだけは、なぜか学校の授業日数にカウントするから子どもがいた日数を書いて送ってというふうになったんです。僕、別に文部官僚に賄賂贈ったりしていないけど（笑）。そうなったのは何でだったんだろうな。どのへんでそうなったのか僕自身全然わかっていないけれども、学校教育に反対しているグループが主にフリースクール作ったといういきさつがあるんでね。僕の方としては「学校も悪いところじゃないし、いいところだから、お前たち甘い汁だけ吸いに行け」みたいなことを言ってはいたんですよ。そうではない、政治的に動くグループもあったので、そういう意味で僕のところだけが認められたのかなとは今は思うけれどね。

天童：甘い汁だけ吸いに行けというのは、非常にいいアドバイスですね。それって生き残るために必要なことですものね。最終的に私が思っているのは、時代が生きづらいとしても……最初に申し上げたように生きづらく感じる感度はすごく大事なことだけれど、生きづらいこの世界は自分たち個人では変えられないし、この大きな流れを身近な人に変えてくれとも言えない中で、どう生き残っていくのか。生存がやっぱり生きものにとって一番大事なのだから、なんとしてもサバイバルしていかなければならない。そのサバイバルツールというのか、必要なアイテムとしての学校の卒業単位であったり、あるいはそこで得られた知恵や知識や仲間であったりすると思うので、それらを活かし生き残っていくというのが大事な考え方だと思います。学校や親が与えてくれる何かを待っていたら、生き残っていけないと、意識を変えていかないとならない。こういう世界で、自分にとって合わない世界の中でどう生き残っていくのかということを思うときに、たとえば高橋さんがおっしゃったように、学校でも甘い汁はあるわけだから、そこだけ吸いに行ってくるとか。場所場所で必要なものを見つけていって、いかに自分がこの一番しんどい時間、私も中高が一番つらい時期だったんですが、その中高の一番つらい時間をどうくぐり抜けていくのか、というのが大事な考え方だと思っています。

川場：高橋さんの自主型教室「好文堂」に、学級担任の先生とか委員会の指導主事さんが、しばしば訪問していましたよね。

高橋：訪問も半分だけれどボランティアも半分くらい、来て教えてくれていたけどね。なんでか知らないけれど、そういうお墨付きみたいなものになっちゃったから来たんだと思うんだけどね。それがモデルになって、文科省というか各自治体が、フリースクール、不登校の子おいでよという学校を作り始めたんですね。最初の頃は、僕はあちこち回って歩いていました。そういう時には、「そんなふうに規制を何も作らなくていいの」とか文科省や委員会に聞かれましたが、危険なこととか、反社会的なことはきちっと整理しなきゃいけないけれど、そうでないことは認めようよという話をしたことがありますね。

川場：先ほどの天童さんの話の続きになるんですけれど、ノンヒューマンな関わりというかアプローチとしてアニマルセラピーを私は見てきて、高橋さんも含めてですが、アニマルセラピーをやっている方は、動物に対してしつけとか、人間と動物に対する一線の置き方が厳しい。そこが私の中では印象的だったんですけれど。

高橋：たとえば馬はね、人を見るんですよ。変な奴だと蹴るし噛み付くし、しっぽでビンビン叩く。だから「君がこの馬の飼い主のつもりでいないと、君は馬鹿にされるよ。上に乗っても振り落とされるよ」と言うんです。たとえば山道を歩くと木の枝が張っている所がありますね、上に乗っている人を尊敬している馬は一度その前で立ち止まるんです。それで乗っている人が気が付いて自分で頭を下げてくぐると、すっと行ってくれるんです。馬鹿にされると坂道があることを乗っている人に教えないでトコトコ坂を降りちゃうから、下手するとつんのめって落ちちゃうんですね。そういうことを僕は乗る人に教えるんです。「君がぼーっとしていると、そうなるんだよ。馬のせいじゃないんだ」と教える。「君が馬に馬鹿にされているかどうかは、馬の前に行ったらわかる。一番馬鹿にされているやつが、蹴飛ばされるから後ろへ回ってみろ」と。どこの乗馬クラブに行っても後ろには回るなと言われるけれど、それは馬のしつけが悪い。「よしよし」って僕が近づいても、たぶんどの馬も蹴らないと思います。そういう動物と人間の関係というところは教えます。犬でもそうですけれど、気にくわないやつは噛み付くでしょ、それと同じだよね。

天童：犬とか馬に睨まれたり噛まれたりというのは、動物へのリスペクトがないことが伝わるからですかね。どういう人間が蹴られたり、睨まれたり、嫌われたりするんですか。

高橋：元々動物が嫌いな人は、動物の方も嫌いますね。要するに言われたから仕方なく来たみたいな人です。馬に乗りたくて来た人に対しては、馬に優しくしてやれと言えば見当がついて優しくするし、犬に優しくしてやれと言えば優しくできますからね、そんなにトラブルは見たことないですね。

天童：自分を嫌っているということを見抜くんですね、動物はちゃんと。俺をリスペクトしていないな、嫌っているなというのが見抜かれちゃう。

高橋：やっぱりね、しつけが厳しかったりすると、その人の言うことは聞くけれども、いなくなった途端に「ヘッ」って感じで、やりますね。甲斐犬ってご存じですか、甲州の甲斐の国の甲斐です。甲斐犬は元々はニホンオオカミの子孫と言われているんですが、遠吠えするとオオカミの遠吠えとおんなじなんですよ。それでどんな犬も、シェパードでさえも、甲斐犬を連れていると「ウ〜ッ」って遠回りして、避けて通るんですね。多摩川の土手に連れて行くと、いそいであのヘドロ臭い土手の土に自分の身体をこすりつけて、自分の匂いを消そうとするんですね、もう野生丸出しです。山梨県の奈良田ってご存じかな。南アルプスをちょっと行くと、早川というのかな、源流があるんですけれど、その奥に地元の人たちが言う話だから本当かどうかはわからないけれど、奈良時代の落ち武者というか落ちてきた貴族の人たちがそこに住んで、奈良田と名前をつけたとのことですが、そこでオオカミを飼いならして犬にしたという伝説がある地域なんです。あと静岡県には、そういうところが他にも二、三カ所あるんだけれども、水窪町の山住神社犬とか……。そういうところで伝説を聞くと面白いですよ、人間と動物の関わりがわかる。

僕はそういうところで子どもたちと一緒にキャンプしていたから、地域の人たちを招いてそういう伝説をよく話してもらっていたんで、覚えているんですけどね。

天童：内で閉じた世界に慣れてしまうと、その外には多様な価値観にあふれた世界があることが見えなくなってしまう。外の世界とのつながりが、本当に大事ですよね。

サバイバルの方法

天童：個人としてこの生きづらい世界をどうサバイバルしていくのかというときに、好きなこと、というのがとても強力な武器になると思っています。好きなことがなかなか持てない子がいるけれど、好きなことは絶対に追いかけた方がいい。好きなことを究めていくと外の世界の入り口になります。学校以外に好きな場所ができるので、学校で追いつめられる想いをしていても、生きていけるということがあると思うんですね。

私自身も映画監督になりたいと思って、中学高校のときにそれこそマニアを超えるくらいの映画の見方をしたんですけれど、自分はそっちの世界に行きたいと思っているものだから、自分の進路に必要以外の勉強は一切せずに、授業中でもこっそりシナリオを書いていた。そのため数学とか全然できないので、「お前はこんな点取って人間じゃない」と言われたんですけれど、「点数が悪いくらいで、よく人間じゃないって言えるよね」と冷静に心の中で思えたのは、外に世界があったからです。自分はそちらの世界に行きたいがために、とりあえず学校に身を置いているだけで、いわば次のステップに進むための資格を取るために来ているようなものなんで、何言われても流せたところがあるんですよ。好きなことをやる、追いかける、別な世界を持つ、というのが生存には大事なんじゃないかなと、つねづね思っています。

高橋：自分がこれぞと思うようなことを、学校教育の大枠の中ではなかなか認めてもらえないというのが、現実ですよね。僕のところでやった中で良かったのは、動物とのふれあいの他に、農作業の収穫で、すごく印象に残っているのは料理なんですね。食べることが大事だということ。やっぱり、人との関わりがとっても大事で、静かにしていろというのが日本の教育だけれども、きちっと気持ちを伝えることが大事なので「なにかしゃべりたいことあったら、今のうちだぞ」みたいな感じで、そこは大切にしてきたんですけれどね。

天童：高橋先生の子ども時代のこともかえりみてなんですが、親がどれだけ我が子の好きなことを許容するかが大事なところですね。うちの子どもが野鳥が好きで、野鳥観察したいと言うから、こっちも自分が好きなことをやってきた人間なので、野鳥観察にたびたび連れて行っているうちに、次第に野鳥好きな大人と自分から会話し始めるようになったんです。「何か珍しい鳥がいましたか」みたいな。向こうも、ああこの子いつも来ているなというので、「あっちにカワセミがいたよ、こっちでオオタカが見えたよ」みたいに教えてくれる。そうして自分の親以外の大人と会話し始めて、世界が広がっていくのを見ていて、「ああ、学校でこの子が問題起こして行けなくなっても、こっちの世界があるからいいか」と、ちょっと離れて見ていられるところがあったんですね。子どもに好きなことがあるんだったら、それはしばらく見守るという親のあり方もいいんじゃないのかな、と思います。

高橋：僕がもう一つ力を入れて彼らにやらせたことは、失敗してもそれが失敗にならないっていうことなんですね。何が失敗にならないかといったら陶芸なんです。陶芸、粘土こね。失敗したと思ったらもう一回やり直せばいいんだと、何時間でもやっていいぞと。粘土が乾燥してきたらもう一回水を少し足して、こねりゃあ、いくらでもやり直しできる。学校の時間枠でやらないから、大須成学園の山梨時間でやるから、朝から晩までやっている子もいるわけですよ。それで自分が作った一番好きなものを持っていきなと言って、乾かして上薬を塗って綺麗にしたやつを焼いて持って帰らせるんです。時々持って帰んない奴がいて、それは僕が時々かすめとってお客様にお茶を出しているんですけど（笑）。結構いいもの作るんですよね。何回失敗してもいいよって言われているから。

天童：それは大事なことですよね。

高橋：それは日本の教育では、あまりないことですね。せっかく陶芸やってもね、一回でいいもの作るなんてできるわけないですよ。

天童：学校教育は短時間で何らかの結果を出して、それに五段階評価をつけちゃうので、どうしたってせわしないし、教える側も教わる側も窮屈ですよね。

高橋：僕の陶芸には恩師がいるんです。南雲龍という人で、私が連れて行った子どもたちをみんな教えてくれたんです、山梨県で彼が窯を持っていて、今息子さんが跡を継いでると思うんですけどね。

天童：その窯で焼いてもらったんですか。

高橋：そうです。彼の作品を一つだけ、記念に貰いましたけれど。時々シュールなものを作りますね。現代の文化というようなテーマで、歯車だとかゼンマイを閉じたやつで、ひび割れした陶板があるんですね。このひび割れを作るのに一一年かかったっていう人なんです。陶芸なんかでひび割れ作ったらダメでしょ普通。彼はそのひび割れに専念して一一年かけたっていうんだけれど、私の不登校に何十年なんていうのは小さいかもしれない。

川場：私はオタクという言葉が通用した時代の人間なので、どちらかというとアニメや漫画が好きですね。「好文堂」に通っていた不登校の子から「マジック・ザ・ギャザリング」(注4)というカードゲームを教えてもらって、最初はお付き合いでやっていたんですけれど、楽しくなって自分がハマってしまいました。ちなみにコロナウイルスの第一波・第二波を封じ込めた台湾デジタル相のオードリー＝タン氏は、「マジック・ザ・ギャザリング」の日本試合観戦の目的が初来日の理由だと言ってました（笑）。

それからはいろいろな子を誘ったりして、今もずっとカードゲームのグループをやっています。被災地では、児童・生徒はみんなカードゲームのデッキが流されたので、秋葉原のグッズとかカードゲームをもっていって、それを全部あげたりしました。被災地の相談室を秋葉原のファンタジー世界にして、一緒にカードゲームをやったり語り合っていました。みんなで好きなことをやるというのは大切というか、みんな夢中になってやっているというのがいいなって、天童さんの話で思い

（注4）一九九二年に合衆国の数学者リチャード・ガーフィールドが考案したカードゲーム。あらゆる戦略、戦術が要求される。略称ＭＴＧ。日本では玩具メーカーがＭＴＧをヒントにテレビ放映とコラボレーションして、多くのカードゲームをヒットさせた。

ましたね。

高橋：外から見ていても楽しそうだよね、ボランティアで来ている人も楽しんでるんでしょ、あれ。

川場：みんないい歳していますけれど。

高橋：いい歳って、僕はボランティアさんの歳知らないんだけども、一応もう大学終わっている人たち？

川場：社会人もいます。

高橋：喜々としていますね。この子たちほんとに不登校してたの？　って思うくらい。

天童：みんなで楽しんでやっているのがいいんですね。人間の元々持っている良きものを、いかに引き出すかということをされてきたんだなと思います。それを逆に、閉じ込めて、管理しやすいようにしてきちゃった部分があるのではないかな。

川場：二〇〇一年の大阪池田小学校の事件以来、学校の校門は施錠され、二〇一〇年前後までに屋上の使用も開放も禁止されました。基本、部活動以外は完全下校になり、児童・生徒が校内でチャムズチャット(注5)できないようにコントロールされています。学校は何か問題が起こると外野席から叩かれるので、事件事故を発生させない潔癖な場所になってしまった。コロナ禍がさらに追い打ちをかけています。もう「学校の怪談」は生まれないでしょうね。「学校の怪談」はＳＮＳを通じた都市伝説の中で過去の元ネタをスピンオフして使われるくらいでしょう。

学校スタッフは安否確認など児童・生徒の行動や素行ばかりに目を奪われています。玄関で水筒をこぼした、給食の盛りつけサンプルをいたずらして食べた、体育館裏に児童が一人でいるなど、些細なことが大袈裟に膨らんで対応されますね。児童・生徒の存在よりも、「学校で何か起こったらみんなの迷惑になるから困る」という本末転倒になりやすいのです。

個性

高橋：個性ということが主張され始めたのは、川場さん世代じゃないかな、それとももっと前から？僕の時代には、個性なんて言葉はなかった。みんな一緒にの世代でね、埋没していれば何も言われないという典型的な大人数の世代。中学校二年くらいまで、ひとクラス五〇人以上いましたもん。教室からはみ出して廊下にまでいたからね。個性なんて言っていたら大変なことになっちゃう。個性という言葉を、初めて自分なり耳にしたのが大学の獣医学部に行ったときかな。君たちはかなり変わっているんだよ、こういうところへ来たんだからとか、教授に言われたのを覚えている。動物のお医者さんになりたいっていうのは、確かに変わりもんだけれどね。

川場：個性という言葉は、義務教育学校では道徳と絡めて使う用語ですね。

(注5) 仲の良い友だちとのおしゃべり。こうしたグループの一体感を通して内面的な成長が促されていく。

高橋：道徳ね。僕の時代道徳なんてなかったからな。悪いことしちゃいけないっていうのは、言わなくてもわかってんだろみたいな。授業でやることじゃないよみたいな。

川場：高橋さんの時代は法規範のベースとなる人類共通のシンプルな道徳です。今はみんなの気持ちをフィードバックさせるような迷惑指導、自然愛護、誠実、正直とか善悪の判断、個性の伸長などの徳目がテーマです。

天童：約五〇年前、自分が小四のときに大阪万博があり、その頃から高度成長期で経済が昇っていく段階だったので、貧富の差がかなり出てきて、貧しい家とお金持ちの子という差が、子どもの目にもはっきり見えてきた。道徳とか健全という徳目も、そのあたりから頭をもたげてきて、自由奔放だったマンガやお笑い番組に、公的な機関やＰＴＡなどの団体から規制がかかるようになり、お茶の間に道徳規制が入ってくる時代が始まったなというのを、今思い出していました。

道徳を学校で一律に子どもに教え込むというのは、経済界との絡みがあるんじゃないのかなって思っています。というのは、文部行政というのは経済界の要求をとても意識していて、企業にとっての兵隊すなわち、黙って長時間働く会社員を作りたくなる時代と、それぱっかりだとイノベーションは生まれないよ、もっと個性的なことを発明する子が出てきてもらわないと困るみたいなことが、政界に対して経済界が働きかけて決まり、それが行政レベルに下りて、もうちょっとゆとりある教育をやらないとイノベーションを生み出す若者は生まれないんじゃないのとなる。それでやっていくと、今度は学力が段々下がってきて、周辺のアジア諸国に追い抜かれるなどしたものだから、「おうおうそれじゃあ困る」ということになって、方針がまたガラリと変わるということになる。文部行政は長期スパンで子どもを育てようと思っているわけではなくて、割と経済との絡みで、政治の与党トップと経済界トップの話し合いの結果が下りてきて、学校教育は今後こういう生徒を育てるようにしてほしい、たとえば学校卒業後すぐに外国の政府や企業と渡り合えるように英語の実践力を身につけさせろとか、即戦力となるよう実学を中心に学ばせろ、と変化してゆく。言ってみれば、企業に都合のいい人材を育ててよみたいなところが、少なからず影響しているというのが私の印象です。

川場：コロナ禍以前から学校では児童・生徒はやっぱり出る杭は打たれるというのか、それを怖れているので、あんまり目立ったり派手なことをするとSNSなど水面下の見えないところで叩かれるという怖さが、特に高校生にはあると思います。「見られる自分」を意識しながら、つまりセンシビリティ（sensibility）を高めながらサバイバルしているという現状は強く感じられますね。「見られる自分」とはアジア圏の歌垣や踏歌のように自分をアピールして「魅入られる」こと、つまり羞恥や御化粧することを含めて、思春期の初々しさを表す状態像のはずだったけれど……。一時期個性を持たせるという教育スローガンが出ていたんですけれども、子どもたちは真逆で、目立つとか個性を持つということはリスクが高いことを知っているので、なるべく目立たないように目立たないように、無難な良い人間関係を作って乗り切り、サバイバルできればいいという有り体を強く感じていますね。先ほど孤独と孤立という話が出ましたが、昨今の学校では一人でいる、孤立しているという状態がサバイバルする上で脱落するリスクがとても高い。その理由が、ただ孤立しているという状態そのことだけで、みんなから何か「陰キャ（陰気なキャラクター）」などのレッテルを貼られて、どんどん排除されていく。そこは今の大人たちにはまったく理解できない現象です。と同時に、何か全体主義やセクト主義が破綻する直前の粛清状況に似ていて、私にはすごく怖い。ラッキョウの皮むきのように、孤立する理由が見当たらない。元小学校の同級生がこちらの中学校に一緒に上がって来なかったとか、たまたま仲のよい友だちがクラス替えで居なかったとか、の偶然です。社会学者の宮台真司さんが二〇年以上前に「島宇宙」という表現をしましたけれど、グループががっちり固まってしまっている。この状態を結晶化、クリスタライゼーションと喩える表現もある。しかも孤立している人と会話したり接触すると、接触したその子もあたかも感染したような排除のされ方を目撃しています。人間科学の土井隆義さんの指摘にもあるとおり、子どもたちにとってはフラットな人間関係の中でサバイバルするために、スクールカースト最上位の者以外はどこかでグループの中に入って無色透明にならないと生き残っていけない。精神科医の斎藤環さんはサバイバルツールとしてキャラクターならぬ「キャラ」について考察しています。

この話の延長で特別支援教育も実は児童・生徒にとっては諸刃の剣になっています。児童・生徒は障害の害の字を「害児（ガイジ）」という隠語を使っている。神経発達上の課題のある児童・生徒に対して、ネガティブなイメージが共有されている学年や校舎には「害児」という隠語がＳＮＳや会話で蔓延ってしまう。この理由で疎外されると、先ほどの排除のループにハマってしまう。

空気を読む時代

天童：ここ一〇年くらいですかね、空気を読めないということが、いわゆるトレンドというのも変ですけれど定着して、相手に対して「あいつは空気が読めない」というのが否定的な評価になったのは。私が学生だった頃はまだ、空気なんか読むことの方が恥ずかしかったわけですよ。空気を読んで合わせる奴の方が、つまらないわけです。それは私自身が育ってきた環境もあるので、社会が全部そうだったとは言いませんけれど。

私の仕事などは、人より変わっていないとダメっていう部分があるので、表現者を目指した高校の頃からすごく変人になりたかったんです。自分がノーマルであることが、恥ずかしかった。自分の親も普通の人間だったし、家庭環境も周囲の環境も普通なので、普通だということがなにかこう、恥ずかしいというかね、これではだめだ、もっと変わりたいなー、変人と思われたいなーとつねに思っていたような、変な奴でした（笑）。映画の仕事に就きたくて、基礎としての演劇を学ぶため大学の演劇学を選んで進学したんですが、演劇学というのは高橋先生の獣医学部も変な奴ばかりと言っていましたけれど、こっちも変な奴がやっぱり多い（笑）。卒業後の就職先なんて限られる演劇学をやろうというのだから、社会の空気が読めない奴が集まっていたに違いないんですけれど、それでも私から見るとなにかまじめ、まともな奴ばっかりだなーと思っていました。大学付属の高校出身者が多かったせいか、道を外れないというか、空気を読まなくてもおとなしくしているような奴が多くて、つまんない奴らだなと思っていたし、そいつらも私をそう思っていたかもしれない。たまにはじけている奴がいると「あいつは面白いね」って、周りに合わせない方が面白いと評価を受けていた時代で、実際そうだと思っていた。それが時代の変化とともに、空気を読んで合わせておく方がいいという、そこから変にはみ出すと、あいつ困ったちゃんだな、痛い奴だなってはじかれちゃうというのは、どのへんが契機なのか気になる部分で、それは時代とのリンクなのだろうとは思うんですけれど。お笑い番組でも、はじけている奴をいじめちゃおうという、叩いて痛い目にあわせて笑いを取るみたいに、どんどん変わってきちゃいましたね。それが今、子どものところまで下りてきちゃったのかな。

高橋：私の時代は、とにかくたくさんの人がいて、みんな同調しているっていうか乗っているわけです、大きい船に。通信簿に書かれたことで一番ショックだったのが、性格とか書かれる欄があって協調性がないって書かれたこと（笑）。俺みんなとうまくいっていると思っているのに、先生はそう見ていないんだって、すっごくショックを受けたことがある。それだけはよく覚えていますね。

天童：自覚がなかったんですね（笑）。

高橋：どこが！？　って思った。親父に「お前協調性ないのか」って怒られた記憶があります。今で言えば個性的だったのかなって、もしそうだとしたら評価されるべきじゃないですか。だいたい五〇人も六〇人もひとクラスにいたら、人と違うことやると外れ者にされちゃうんですよね。社会の風潮と先ほどおっしゃっていたけれど、まさにそういうことは時代とともに変わってきている。今なんかは「私がどう思おうと、私の勝手だ」って認めてもらえますよね。そんなに風変わりだと、自分では今でも思ってませんけどね。

川場：学習指導要領に個性の「個」が出てきたのは平成一五（二〇〇三）年ですね。

高橋：そんなに遅いの。

川場：今、天童さんからお話があった「空気が読めない」については、いろいろな方がいろいろな説を出していて、私も正直わからないというか、困っているところです。山本七平『空気の研究』、土居健郎『甘えの構造』を嚆矢として、元々そういう集団主義だとか、空気を読んでいかなきゃ弾かれる、出る杭は打たれるという、なにか元々日本人のもっている国民性のようなものから引き継がれているようにも見えます。一方で児童・生徒は、孤立化しないように島の中で生き延びるために空気を読んで、その中で同調していかなきゃいけない、自分の立ち位置を決めなきゃいけないという、子どもの対処スキルというか、方略としてここ数十年で醸成されてきたのかなと私は捉えています。

経済哲学者の岩井克人さんは「出る杭打たれる」という日本の組織人やサラリーマンの人間関係は「江戸時代の村の文脈に起源がある」と述べています。その文脈とは江戸時代の村請(むらうけ)制度、具体的には五人組や十人組による相互監視システムへたどり着くと私は踏んでいます。社会学者リースマンは『孤独の群衆』において、現代人の対人関係を伝統指向型、内部指向型（ジャイロコンパス）、他者指向型（レーダー）と分類しました。この有名な分類を日本人に当てはめて、わかったつもりになって整理してしまいますが、人間関係グループトレーニングを長らく行ってきた早坂泰次郎さんはリースマンの分類を使うのであれば、日本人とは「高感度レーダーを積載して、後ろ向きに座って漕ぎ手たちがボートに乗っている」集団的対人指向と喩えました。しかもオチがあって、リースマンに直接手紙で尋ねて「リースマンから賛意を得た」と述べています（笑）。

高橋さんがやっていた大須成学園のグループワークの様子を撮影したＶＨＳの古いビデオが残っていて、私もよく拝見させていただいたんですが、二〇〇〇年に入る前のグループのビデオってみんなで輪になっていろいろ思ったこととか感じたことを子ども同士言い合ったり、本当の人間関係を目指していたグループだったと思うんです。その頃って割とみんな主張するんですよ。主張する内容も前口上とか「あれどこかで聞いたことがある言葉を言っているな」っていう発言がよく出てたんですね。テレビ番組とか、どこかのドラマの台詞で聞いたことあったなって。たぶん子どもたちはそういう口上を身につけながら、気になっていることを相手に伝えているシーンは、高橋さんのグループの古いＶＨＳビデオテープに残っています。ところがだいたい二〇〇〇年以降になってからあまり子どもが表現しなくなったんですね。台詞を知らないのか、その前口上はわかっているんだけれど発言することを怖れているのかはわからない。とにかく、そういう口上がなくなってきているんですね。私の中ではそのことと、何か二〇〇〇年代に入ってから子どもが目立つことを年々怖れていくっていう現象が、天童さんのお話とリンクしてきちゃうんです。

天童：それが時代とともに身につけたサバイバル方法であるならば、またそれでなければ生き延びていけないと思っているのであれば、それを否定するわけにはいかない。それで生き延びていけるのなら、うまく身を処して、とりあえず生き延びてくださいってこっちは思うしかない。

中学高校の時代、企業や政治家に都合のいい人材になるよう画一的かつブレブレの詰め込み教育を受けざるを得ない中で、どうやって生き延びていくのか……いちいち目立って笑われたりあるいは面倒な役割を押しつけられたりしている余裕はないんだと、とりあえずここを駆け抜けないと次のステップに行けないんだって思って身につけた方法で、それで生き延びていけるなら、そしてそれが自然に生まれたものだとすれば、私はもう良しとした方がいいと思っています。そのサバイバル方法からも漏れて、落ちていく人、そこに入れなかったがゆえに、退学・転校したり、あるいは死に向かっていくような子に対してかける言葉、セーフティな言葉を私たちは考えた方がいいのだろうと思いますね。最近の子たちがとりあえず身につけたサバイバル方法を、個性を重んじた昔と違っているから「それはつまらないよ」って言ってもしょうがないし、もっと個性を出そうよと言うこと自体が、ちょっとナンセンスになっていくのかもしれないと思っています。

詰め込み教育

天童：あともう一点、詰め込み教育は子どもの発想力・思考力を奪う、では土日休みのゆとり教育だ、いややはり授業数増やして学力アップだ。英語を即戦力で話せるよう民間企業を導入する、いややっぱりそれはムリ……って文部省の決めていく方針が、短期間で変わりすぎっていう問題があります。子どもを育てるには、本来もっと長い目で見てどういう方向に進めるか考え、ぶれずに実行するべきであって、そんなにちょこちょこ変えるようなもんじゃないはずですよ。それこそ「大臣が変わるごとに方針転換しているの？」みたいなぐらいに変わっている。そのこと自体が教育の混乱を生んでいるし、子どもたちと現場の教員にばかり重い負担がかかっている気がします。そうした混乱を生んでいる根本の原因こそ変えてよって言いたいです。大人たちというか権力を持っている人たちが、この国をどうデザインしていくのか、というデザイン力のなさが浮き彫りになっていると思います。

川場：現場の先生たちは本当に大変だろうなと私は見ています。現場はコンビニエンスストア状態になっていて、いろいろなカリキュラムがたくさん盛り込まれてきている。私自身は小学校で英語は教えてもらっていません。ローマ字表記法が小学校六年の後半に入ってきて、中学校に入学してから英語を教えられた。今は英語が小学校中学年から取り入れられている。英語に限らず、都道府県と市区町村委員会がそれぞれ墨を付けた諸スローガンの下でいろいろ詰め込まれている。それを教員が全部やらなきゃいけない。ノルマをさばくことと庶務雑務に現場の先生たちは労力を取られている。授業参観にいたっては児童・生徒の質問まで想定して、とにかく上手くまとめようまとめようとエネルギーを割いている。天童さんのおっしゃった子どもに課題を抱え込ませて、溜めを作るというんですか、そのようなハンドルの遊びがなくなっている実態を感じます。まして今はコロナで授業時間も減りやすく、感染防止のためにピリピリしているので、教えられる方も教える方も本当につらいだろうなと感じていますね。

天童：子どもの教科書や教材を見ていくと、どこを目指しているのかなと懸念を抱きます。「これ中学校でやるの？　小学校でやるの？」って戸惑うほどの高いレベルのサブジェクトがあまりにも多い。「これを今、子どもたちに覚えさせてどうするの？」と目的の見えづらい詰め込み方です。川場さんがおっしゃったように、英語の教育も私たちが高校の二、三年でやったようなレベルのことを、今は中学の一、二年でやるようになっている。数学の一次関数や二次関数も中学校のときに始まっていて、「いやいやいや。そこまでして何の意味があるの、どういう意味でここまでやっているの」というくらいの詰め込み方ですよ。何を目指しているんだろう。少なくとも子どもたちのためとは思えない。文科省とつながりの深い民間の教育産業を潤おすことだけは間違いないでしょうけれど。

先ほど川場先生が問題提起されていたゲーム依存という問題も、その詰め込み教育と相関関係があるんじゃないかと思っています。自分の子どものあまりの勉強量の多さに、横で見ていても疲れます。大人でも仕事が増えすぎたら当然逃避したくなるわけで、子どもが本を読まなくなっているというけれど、大人だって逃避したいときに小説なんか読みたいですか？　と、小説家ながら思いますよ。それよりも手っ取り早く、お笑い番組を見るかYouTubeを見るか、一人で短時間でも没頭できる、つまりは逃避できるゲームをやるというのは、容易に想像できますよ。息抜きの時間が一〇分あるいは長くて三〇分だとして、それで外へ遊びに行けますかって。

本当は、子どもというのは先ほどからお二人がお話ししていたように、外で遊んだり活動するのが好きですよ。生き物だから。エネルギーあるから。外でずっと走っていろと言ったらずっと走っているような生き物ですよ、若い頃は。それが一〇分や三〇分ではできないから、家にいるしかない。とりあえずゲームをやる、すると今度はそれが問題だと言われる。それを生んでるものは何なのかということを、もっと考えないと根本的な解決にはいたらないでしょう。ある種、無目的で詰め込んでいる教育のあり方、管理教育のあり方に、元凶があるのではないか。それをやって何を目指しているのかというのが、子どもはもちろんわからないですけれども、保護者も教員もわかっていない。政治家も本当にはわかっていない気がします。

あくまで私の勘ですけれども、ゆとりから今の厳しい詰め込み型に戻ったのは、数学オリンピックとか、各国と学習の習熟度を争うコンクールで、アジアの中で負けたり劣勢になったりしたことから、政治家のアジア諸国に対する差別感が噴出した面があるのではないかと思います。つまり韓国に負けたとか、中国に抜かれたとか、タイに追い詰められている、シンガポールに抜かれている、そういうことに敏感な政治家がいらっしゃって、戦前からあるアジア諸国への差別感あるいは優越的な思想から、「あいつらに負けるのか、そりゃいかん。もう一回やり直せ」ということで、詰め込み型に戻した面があるのではないかというのが勘としてあります。

つまりそれは、この国をデザインしていく人たちにおいて、どんな国にしたいのかという具体的ビジョンがないまま、あらゆるサブジェクトを詰め込んでおけばなんとかなるんじゃないのという程度の方向性で、子どもを疲れさせている。結果的に、自分で物事を考えられない子、自分の責任で判断できない子、間違いを犯すことを恐れて冒険できない、発明・発見のできない子たちばかりを生んでしまって、最終的な社会的損失を大きくしている。もっとダイナミックに子どもの力を発揮できる社会、あるいは若者の力を発揮できる社会を作れずにいる。あんな詰め込み方をしていたら、ついていけない子が出るのは当たり前ですよ。塾にでも行っていないと無理なように計画されているとしか思えません。塾に行くお金がない子の多くは、落ちこぼれる、落ちこぼれを悪とする状況になっているので、社会から認められていないのかなというような外れ方をせざるを得なくなる、就職が難しくなり低収入で我が子を塾には行かせられない、と負のスパイラルに陥っている気がします。

川場：子どもに与えられたパイ、物理的時間は明治の一〇〇年前も昭和の五〇年前も、登校時間を含めて今とほとんど変わっていないので、どこを削ってどこを入れていくかという議論になる。(注6) 数学的思考とか数学的にものごとを考えていく力はだいぶ省略されてきたことは課題として一つ指摘されています。

落ちこぼれを出さないように国全体で学習能力を上げていくという方向なのか、勉強ができる子をさらに引き上げることで吹きこぼれを避けるのか、日本はどちらも手付かずのようだとだいぶ前から指摘されています。(注7)

たとえばスウェーデンは、落ちこぼれをなくして成績を上げる、数学的な成績をあげるという政策を取っている。一方で台湾や韓国はできる子を引き上げるという、軸がはっきりしている。日本はすべての子どもに対して平等に教授している、と解釈すれば聞こえは良いかもしれませんが、消去法の結果ブレているという天童さんのご指摘が実態に近い。いろいろな社会的な要請、産業界の要請の中で、現場の先生は庶務雑務も多くて、さばくのが手一杯。小学生は学期末の春休みとか夏休み冬休みの前に、副教材とかたくさん持って帰る姿を「雪だるま」にたとえられるんですが、あの痛々しい姿を見て、これはどう表現すればいいのかなって感じますね。タブレットに切り替わって、持ち帰る荷物が減ったという話ではない。

高橋：確かに今おっしゃっているように、ゲーム依存とか詰め込み教育からの逃避で、お手軽な方向に向かいがちで、お手軽で駄洒落じゃないけれど軽チャーみたいな感じでね、そっちに手をつけやすいというのはわかる。それが今の、日本が輸出しているアニメ文化であったり、いろいろなものに行っているわけですよ。それなりに少しずつ、そういうものが成熟しているんじゃないかなと僕は思っているんだけれど。たとえば原宿の竹下通りなんて二回か三回しか通ったことないんですよ。その先の青山で親の会をやっているんだけれども、そんなに見てはいないけれど、あの辺のカルチャーも今また、年頃を過ぎた女性たちにまたリバイバルでウケているみたいな話を聞くと、「昔とは違う」みたいな、主張をしたりしているんですよね。それぞれの年代世代によって、好みのいわゆるお手軽なって言われていたカルチャーが、お手軽を抜いた本物のカルチャーになりつつあるんじゃないかなって、気がしています。それが多様化した文化であり多彩な文化であるというふうに、評価できないこともないと僕は思っているんですね。僕みたいな年取った人間は、軽薄なという言葉で全部片付けちゃうけれど、そうとも言い切れないいんじゃないってね。たとえば今流行っている「鬼滅の刃」を、どこがいいんだみたいなことを言う年寄りの方が一般的には多いと思うんですよ。なぜあれを、若者がどこを取って良いイメージでとらえているのかわからないという人が多

（注6）東京学芸大学大森直樹研究室「道徳の内容の歴史」（www.u-gakugei.ac.jp/˜omori/dotoku_naiyou_rekishi_02.pdf）
東京学芸大学大森研直樹究室「教育過程の時数の歴史――小学校 1886 ~ 2017 年――」（www.u-gakugei.ac.jp/˜omori）

（注7）小野里聡「台湾の九年一貫課程における教育と国際的な学力調査での学力向上策の研究」『教育論叢』第五一号、二〇〇八（https://nagoya.repo.nii.ac.jp/?action=repository_action_common_download&item_id=7909&item_no=1&attribute_id=17&file_no=1）
また、毎日新聞、日本経済新聞、朝日新聞、読売新聞各朝刊　二〇二〇年一一月九日付

いような気がしますけれどね。私もわかっているわけじゃないけれど。それに類するものがまた流行ってきているでしょ。昔の重たい教育をずっと受けてきた人から見ると、軽い方のカルチャーだなー、なんてつい思っちゃうんだけれども、それはやっぱり一種の文化として認めていくような心の広さがないと、分断するというか、お年寄りと若者の世代が、交流できなくなるんじゃないかなという気はしていますね。私も山梨で不登校の子たちが持ってきた漫画やいろいろなものを見て、こっそり学んだりしています。音楽も「チェリーキラーズ」なんてバンド組んで、今どきどんなリズムがいいんだ、どんなメロディーがいいんだ、どんな歌詞がいいんだ、なんてやっていて、FM放送で流してもらったり、バンド演奏を子どもたち連れてやったりしましたけれどね。年寄りにしてみると良い学びだったですね。

天童：双方向だったわけですね。

高橋：そうですね。

天童：今流行っているものは、否定されるものではない、やはりそこで生まれた必然性があったわけで。

高橋：そう思いますね。

天童：そのときに、君の好みはいいね、でも自分たちの頃に流行ったこの曲はどうよって、紹介し合えるようになるとすごくいいなと思います。私自身、今の若い人たちの曲もよく聴くほうで、「あいみょん」て人の曲も好きだし、一方で子どもにサザンオールスターズを聴かせると、子どももいいねってファンになった。やっぱり好きになっていくもんですよ、良いものだから。だから、音楽に限らず、自分の頃の良いものを紹介していければいいなあと思うのだけれど、子どもが忙しいからできない。この詰め込み教育の中で、課題を処理するだけでも大変なので、時間が持てない。とにかくやらなきゃいけないことがあまりにも多いので、多くの家庭で親子の会話もなくなっているんじゃないかと危惧しています。私たちの世代が子どもの頃には、各家にテレビは茶の間に一台しかないから、食事時に「シャボン玉ホリデー」とか「てなもんや三度笠」みたいなのを一緒に見て笑うということがあったのが、最近は家族みんなで一緒に見る、体験するといったことがどんどん失われている。そんな時間はないというのが、現実なんだろうと思いますね。この現実は非常に重くて、教師の方々も上から言われているカリキュラムを時間内に終わらせなきゃいけないので、子どもたちが理解しているかどうかより、とりあえず終わりまで行くためにとタブレットで次々課題を投げている。横で見ていると「それは無理だよ」って心の中で思うくらいの、本当にすごい量ですよ。これらのカリキュラムの内容を、すべてなんて到底人間には無理だけど、たとえ八割でも生徒たちが頭に入れることが正しい教育だと、行政担当者が考えているとしたら、ある種の狂気ですね。

これと同じように感じた時期が、実は一七歳ぐらいのときにあって、私が大学受験をするときに共通一次が始まる、共通一次第一期生だったんですね。それで二年前くらいから教育がどんどん変わっていくんですよ。マークシートという、今やっているような選択問題に全部変わっていくので、その練習をさせられて、国公立は急に受験が七科目になった。主要三科目に社会が二つ、理科が二つ、それは無茶だよって子どもなりに思った。この七科目をある程度全部標準的な点数を取るとなったら、人間として生活していける時間がないじゃないかと。青春なんか持てないよって思った。それが学生運動で散々苦い想いをさせられた政権側の思惑だったのかな、若者に時間を与えるとロクなことを考えないと。なので私は国公立は無理とはじめから決めました。私立の三科目で精一杯、それ以上は人間として生きられないと思った。国・英・歴史だけやって、あと残りの時間は映画を観たり、シナリオを書いてみたりと好きなことに使いました。あの当時の感覚を、子どもの中学生や小学生の教科書を見たときに思い出しました。これは人間としてできる範囲を超えている。これ全部をある一定の基準の点数取って、落ちこぼれずについていくというのは大変。一年のときに数学にちょっと落ちこぼれたり、英語についていけなくなったら、どんどん進んでいくので、塾に通うか家庭教師を雇う経済力に恵まれていない限り、もう何をどう教えていて、どう学んでいるのか分からない。ギブアップ状態で教室の見えない闇の中に沈んでいくしかないでしょう。これはきついなーって本当に思いました。こんなことをやっていたら国力は確実に落ちますよ、って言いたいです。

川場：児童・生徒は勉強よりも、やっぱり人間関係で弾かれることを警戒していることですね。親がスマホを持たせていると、SNSつながりでグループ化が起こるので、女の子では小学校二年三年、八歳・九歳で早くも孤立や弾かれることを怖れているのです。

それでも小学生は縦割り班活動や班登校など上下関係を持てる機会はある。中学生はあぶれたらシェルターとして図書室に行くとか、高校生は孤立している姿を見られないように便所飯、つまりトイレのように誰にも見られない場所で食事する形で回避せざるを得ない。児童・生徒の表現だと「イタい」っていう表現をします。その反対に「優遇される」という表現を耳にしました。意味は何なのか尋ねたら、みんなからは人気あるし、先生たちからも一目二目置かれて、権力というんですかね、そういう力を持っている児童・生徒を優遇と表現していました。勉強で躓いたら、それをリカバリーすればよいが、人間関係で躓くと、日常生活のすべてに支障をきたす可能性が高いのです。

天童：ＳＮＳの影響がありますか。

川場：ＳＮＳは地下水脈のように孤立化とグループ化をやはりかなり補強していますね。たとえば高校生ならば住所や遊び場が近い「〇〇メイツ」などの名称でＳＮＳグループを作るなど。それは都市部の親・保護者のつながり方もそうで……。義務教育学校では「オヤジ会」という父親同士のべタなつながりが一部生まれていることは子どもにとってありがたいですが……。

天童：もう一つの世界が、現実を浸食していると。

川場：そうですね、固いグループやクリスタライゼーションが逆にＳＮＳを求めているような、ＩＣＴとの相互作用のような……。一〇代にとってはあくまでも教室は表舞台であって、良い人間関係をキープする場所、波風を立てない場所になっていますから。臨床医のハリー・スタック・サリヴァンは思春期の仲良し関係を「チャムシップ」と呼んでいましたが、チャムやチャットなどお喋りは対人関係形成の基本です。かつては放課後の体育館裏、下校後帰宅途中の十字路・辻・公園でのおしゃべりがあげられました。大木や大岩、洞窟などの隠れ家、用水路や水門などでの道草もそうです。今やそうした活動は制限されつつあり、楽屋裏がＳＮＳに取って替わっています。

Ⅲ 対応編

サバイバルのためのツールを探す

子どものシェルターを求める親

川場：先ほど落ちこぼれるという表現が出てきましたが、高橋さんが当初、親の会を立ち上げて、親・保護者たちをサポートしていた昭和、平成前半の時代はたぶん、学歴信仰に裏打ちされたメインストリームという確固としたレールがありました。そこから外れた子どもを高橋さんが親・保護者を支えてきた。そして新しい生き方を高橋さんが一緒に探してきたのではないでしょうか。令和の時代だと、メインストリームじゃなくて、とにかく自分の子どもが正社員になって、どこかシェルターに入れればいい、どこか安全パイに入れればいいという、そちらの予期不安ですよね。今不登校というか、子どもが学校に行かなくなる親の恐怖は、メインストリームから外れるんじゃなくて、シェルターに逃げ込めない、逃げ遅れるという怖さもあるのではないでしょうか。避難先は無難に公務員という選択肢もあるだろうし、理系への進学をイメージしているのかもしれない。あるいは体力の残っている企業や内部留保の大きい法人を思い描いているかもしれない。もちろん、子どもの学齢が低ければ低いほど、親の具体的な不安や現実検討は言語化しにくい。親の不安感が子どもに共鳴してしまうというのか、それらに根差した共鳴・共振現象が家庭内で起きているなという感じがします。高橋さんはどう思われますか。

高橋：実際に親の会を作ったときに来た親たちと、今は様子も変わってきているんですよ。おっしゃっていたとおり、当初の頃はいわゆるエリート層の人のお子さんがたくさん来ていたのね。今はそうじゃなくて、ごく普通のお父さんお母さんのお子さんが多いですね。ただしごく普通といっても仕事熱心で、人との関わりが苦手な人。子育てなんて全然わからない人。「親父さんがそんなこと言ったの？　本気かな親父さんは」なんて、こっちが聞きたくなるような言葉を吐くような、人間としてどうかなと思うようなお父さん、あるいはお母さんね。一応大学は出ているので、精一杯頑張ってここまで来たんだぞ俺はみたいな、だからお前も頑張れっていうような叱咤激励型の人が最近は多かったですよね。寅さんじゃないけれど「それ言っちゃあおしまいだよ」って、茶化して言うことはあります。以前は親が官僚のトップにいて、いろいろ付け届けがあるような家、そんな人が多かったし大手の商社の役員のお子さんとかね、そういう人がたくさんいました。獣医として僕はあるとき呼ばれたんだけれど、猫を虐待しているからもらって欲しいというので行ったら、チンチラシルバーというもこもこの猫を、傘立てにしている立派な壺の中に入れて、ゴルフパターかなんかで殴っていた子がいたんです。そういう人がかつては確かに多かったです。今は、そういう人よりもごくごく一般の、頑張りすぎている親の子どもが多いですね。とてもじゃないけれど見習うのは無理。いまだに家に時々泣いてくる四〇いくつかのお嬢さんなんかは、お父さんが自分で会社を作った人なんですよ。めっちゃくちゃ頑張ってきたわけね。お母さんもバリバリ仕事をしていて、寿結婚でやめたんだけれど娘に対してめっちゃくちゃなことを言うわけ。こんな親と一緒に生活していたら、犠牲になるよなっていうような言い方でね。一時期はそういうタイプの人が多かった。今は減ってきたね。彼女なんかそう言う意味では、私の所へ来る子としては化石タイプだよね。

川場：「父親が企業戦士で母親が銃後の守り」を貫くロマンチックラブ・イデオロギーの家庭で、子どもが学校へ行かなくなったとか、反抗して家出したという、そういう昭和のパターンは減っている。もちろん、私立にお受験した児童・生徒が不適応に陥った事例には昭和の残滓はありますが……。

今は夫婦共働きしないとやっていけない家計状況にある。どちらかというと相談の中では、親は身びいきや社会的ネットワークもないし、共働きで子どもをかろうじて卒業させることが精一杯。一人親家庭はさらにハンデが厳しい。大学はもう全入時代なので、もし子どもが単位を取れなかったり、うまく適応できなかったときには、言語化しにくい予期不安に陥るのではないでしょうか。

高橋：あるんだけれど見ようとしないだけだと思うんですよ。というのは、僕は今スクールカウンセリングで東北地方の学校に行っているんです。地方だから県立のレベルが高くて、次が私立の進学校で、その私立学校にスクールカウンセリングで行っているんですね。僕はそこの先生たちのカウンセリングも担当しているんだけれど、馬鹿だのなんだの言ったって子どもは良くならないから、どこから先生たちがわからないか、何で子どもの心が混乱しているのかよく見極めることを、先生たちにはお願いしているんですよ。

確かにね、子どもの教育に関して言えば、どの親を見ても頑張りすぎているんです。今も昔もたぶん。けれど心を育てるという点では、全然頑張っていないんじゃないかな。教育熱心っていうこと と、心を育てるということとは別物じゃないかなって気は強くしますね。先ほどから何度も言っ ているけれど、家から学校のグラウンドが丸見えでしょう、うちの親父なんか、「こんなときに、 こんな天気がいいのに昼間っから勉強しているバカいるか、遊んでこい」と言っていました。外に 行って遊んでいないと親父が許してくれないようなね。そういう親父は今はいなくなったから、自 分の子をどういう子に育てたいかっていう親の方針を、僕はこの特にコロナの時代だったら余計、 しっかり抱いてほしいなと。外で遊んだおかげで僕は今、頭と性格と顔が悪いのを除けば、それほ ど悪いところはあんまりないからね。いやほんとそう思う、健康だもの。吐血はしたけれど、あれ は飲みすぎたから（笑）。あれ以外では何にもないですよ。

川場：子どもが無事適応していれば、そうした親はそもそも相談室には来ませんが、親自身の一〇代 の成育史イメージを抱いたままになる。

高橋：さっきも僕言ったけれど、それで生活できるのかっていうくらいに、親は子どもの生活の安定 を望んでいますよ。

天童：その人たちは、不登校とかですか。

川場：ええ、学校不適応状態の子どもも含まれます。

高橋：不登校といってもいろいろ今、層があるんでね。昔の真面目タイプが減ってきたね。

天童：たとえば最近は高橋先生のところに相談に来られる方は、エリートとかではなくて一般的な親御さんで、自分たちは一生懸命頑張ってきたのに、なぜ子どもは頑張ってくれないんだというような気持ちを持っている。たぶん時代の関係か、自由競争がどんどん進んで、格差がどんどん広がってきている中で、自分の子どもは生き残れるのかという不安が無意識の中でも広がっているのではないか。そして子ども自身も、この社会の中で、生き残っていけるのかという恐怖感があるのではないかなと思っています。マスコミ関係の人と話していても、仕事としては現代の政治や行政のあり方に批判的な目を向けていて、立派な意見を持っている。一方で、自分のお子さんに対しては、先ほど川場先生がおっしゃった公務員とか大企業といった社会的なシェルターに入れたい、あるいは救命ボートにとりあえず乗せておきたいみたいな焦燥感をすごく感じるんですよ。

経済優先の競争肯定社会、格差肯定社会という、すごい急流の滝に向かって子どもたちの多くが乗せられた船は流されていて、その船から落ちてしまうともうこの社会からドロップアウトせざるを得ないような状況になっている。とりあえず救命ボートをこの子のために用意してやりたい、先ほどの話のようなシェルターを用意してやりたいという考えに囚われている。だから、安定した職業に就くか、生き残るための仕事の資格を取ってほしいという願いにつながるのだと思うんです。資本主義を進めすぎた結果として、アメリカでは上位一％対九九％みたいなことになっていて、日本もそれに近づきつつある状況の裏返しだろうというふうに思います。行き過ぎた資本主義社会は、人々を精神的な病理に追いやると思いますし、格差が助長していると言ってもいい気候変動や環境破壊の問題も含めて、是正しない限りは、日本ばかりか世界がもたないでしょう。

直近の問題としては、ことに少子化に現れていて、先ほども話したように、経済界が短期的な利益を求めるようになったものだから、人件費を削ると利益が上がるということで、給与を出来高制にして残業代を減らしたり、非正規雇用を増やすような法案を、政治家に圧力をかけて通させた。結果として、一部を除いて多くの若い人は給料が少なくなり年収二〇〇とか三〇〇万円で暮らさなきゃいけないから、家は持てない車は持てない。そしてもちろん結婚もできない、だから少子化になるというスパイラルに入ってしまっている。親としては、自分の子どもはこの世界でやっていけるのかなと不安になるのも当たり前だし、子どもも当然不安になる。こんな世界でかつての中流と呼ばれた、結婚して、車と家を買ってという生活を得るなら、社会のずっと上層に行かなければ難しいわけで、よほどのコネでもない限り、安全保障として偏差値の高い進学先を選ぶしかない。あまりの詰め込みに悲鳴を上げて、人間らしくやろうとしたら、主流から外れなきゃいけなくなる。そうするとこの世界の中でシェルターは持てない、救命ボートに乗れないという不安の中でがんじがらめになって、身動きが取れなくなる状況があるんです。だからそこを変えていくべきなんだけれども、変える前の今、身動きが取れなくなっている人たちに、何ができるのかなということを思っています。

その前提で、お話ししたいなと思うのですが、川場先生が書いてくださった、コロナによってDV、あるいは虐待が増えているらしいという問題ですね。(注8)データ、ないしエビデンスをしっかり取らない国なので、数が増えたのがそれだけが原因かはわからない部分があるんですけれど、想像ができることは、コロナによって失業したり雇い止めになったり、倒産したりして、経済的な圧迫が、夫や親など加害的要素を持つ人間を不安にして、いら立たせて、精神的なゆとりが失われていただろうということですね。その状況下で、ちょっとしたいら立ちや怒りが子どもとか妻とかに向いて、虐待やDVにつながる傾向があるというのは想像できる。つまり対人問題など精神的なことが原因となる前に、むしろ元凶は経済問題なのだろうと思うんです。

カウンセラーや精神科医、心理学関係の方々が集まってDVや虐待の問題について話そうとするときには、どうしても心の問題や個人の環境、生育歴に集中しがちなんだけれども、経済的な悩みが、抜き差しならない問題として実はある。とすれば、これはむしろ臨時的な支給や雇用を守る、セーフティーネットの問題なのかもしれないと考えるんです。というのは先ほどもお話ししたような、子どもをとりあえずシェルターに入れたい、救命ボートに乗せたいというのも同じなんですけれども、何かことがあったときに、経済的に保証されない、おおやけが助けてくれない、ということの国の政治や文化、あり方みたいなものが関わっていて、それが人々の心からゆとりを奪い、とき

（注8）児童相談所筋の認知件数データは、ある階層に偏る可能性があるため親子双方の意識調査を参照にした。ベネッセ教育総合研究所二〇二〇年五月「幼児・小学生の生活に対する新型コロナウイルス感染症の影響調査」（https://berd.benesse.jp/jisedai/research/detail1.php?id=5520）

国立研究開発法人 科学技術振興機構「コロナ×こどもアンケート」JSTnews 2020（9） 五頁、二〇二〇（https://ci.nii.ac.jp/naid/130007928940）

また、読売新聞夕刊一面二〇二一年二月四日付

に他者への暴力として発出したり、あるいは学校や会社への不適応になったりということがあるのではないか、というのをちょっと想像するんです。この経済的な問題が、子どもの不適応、不登校の中に実は隠れているというのを、現場で感じられることはあるんでしょうか。

自己肯定感の低さ

川場：格差と貧困の問題は二〇〇〇年代初頭から議論されてきました。年収が下がる層ほど、大人のメンタルヘルスが悪くなることも報告されていて、とくに一人親家庭は親子ともにリスクやハンデを背負ってしまう。天童さんのおしゃるとおり、経済的な問題を個人や家族の問題へと短絡的に帰結させることは危険です。また、コロナ禍では「巣ごもり」という表現どおり、家庭内暴力発生の必要条件を満たしてしまう。つまりもともと潜在化していたケースまで、コロナ禍が顕在化させているのではないでしょうか。一方で、コロナ禍以前から不登校が再び増えていたことは調査で明らかになっています。

若者の意識調査をみれば、天童さんからもご指摘があったように、若い方が何歳の人で今どういう状況の方を対象に、どのくらいのデータを取ったかというところまで本当は見ていかなくてはならない。その短所を斟酌した上で、図2の国際比較なんですけれど、若者の意識調査で表れてくる

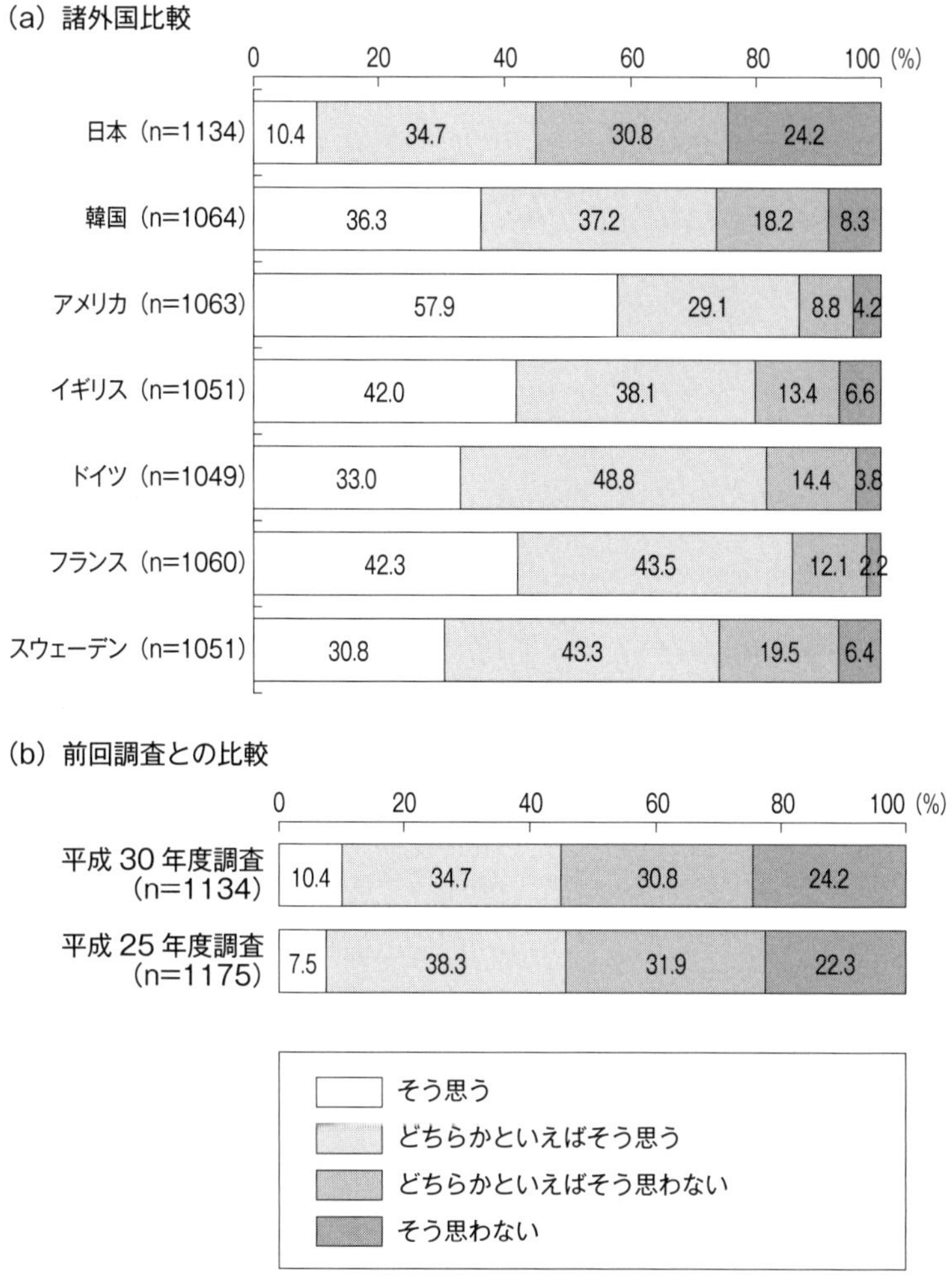

図２　自分自身に満足している

（内閣府平成30年度「我が国と諸外国の若者の意識に関する調査」より）

内閣府政策統括官（共生社会政策担当）

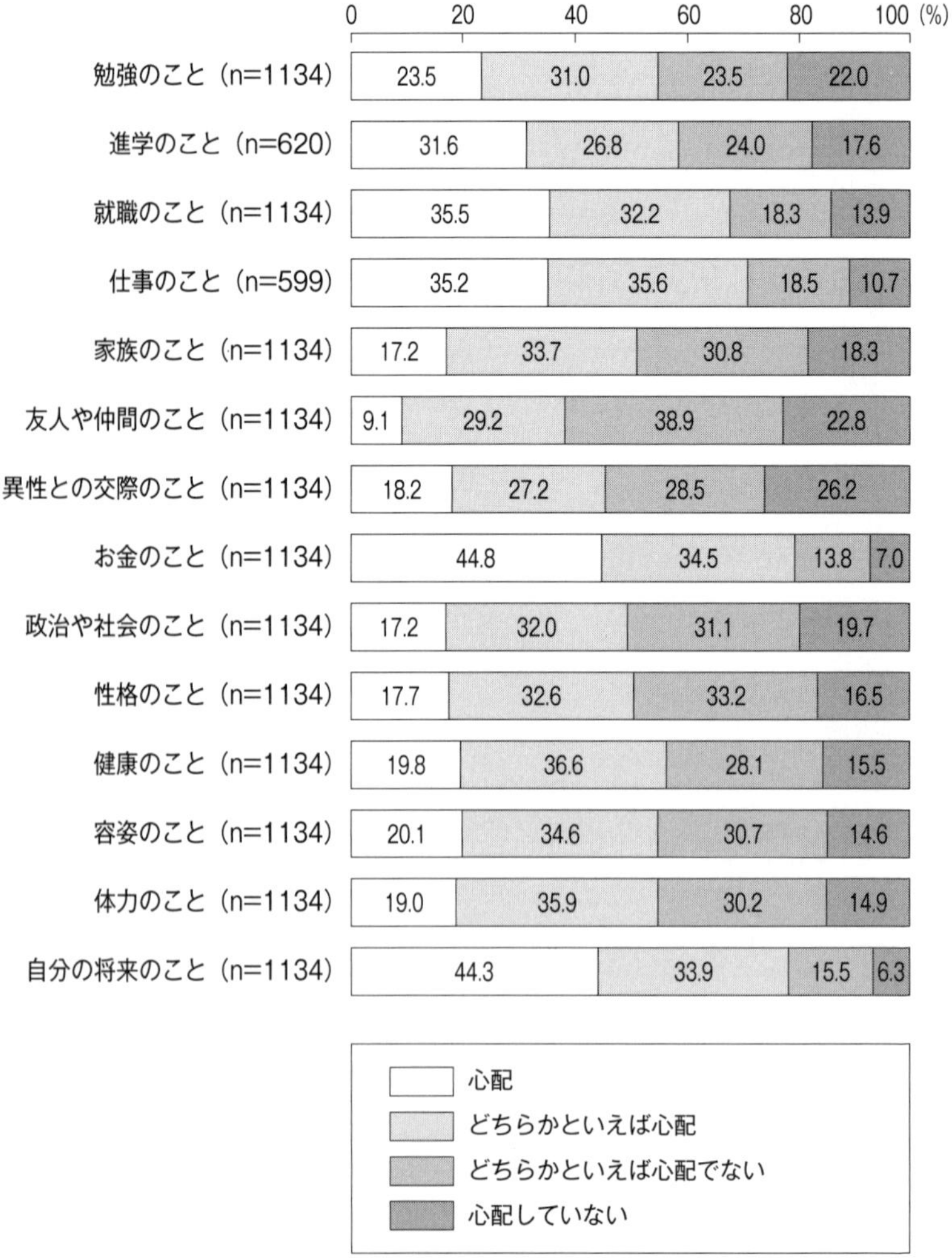

図３　悩みや心配事

（内閣府平成 30 年度「我が国と諸外国の若者の意識に関する調査」より）

内閣府政策統括官（共生社会政策担当）

のが、対象者は一〇代から二九歳までの方で、日本だけ自己肯定感があまりにも低いというデータが出ている。そして「自分自身に満足している」という項目で、日本だけ四割ぐらいなんですね。対してアメリカは九割に近い「自分自身に満足している」という結果が出ています。韓国もイギリスもドイツも、たいてい自分に対しての肯定感というか、満足感が高い。日本の若い人だけ非常に下がっている。それはなんなのか。先ほどの話にありましたが、悩みや心配事に対して「お金のこと」とか「自分の将来のこと」という理由がかなり高く出ているんですね（図3）。

このデータを直接受け止めて解釈すると、じゃあ今の一〇代の人はみんなお金や将来のことを心配しているんだろうか、と考えてしまうんです。もちろんアンケート調査なので解釈に限界はあります。おそらく学校を卒業したあとから二九歳までの一〇年間と、卒業前の一〇代とは慎重に分けて考えた方がいいだろうなと私は思っています。

今の一〇代は割と先回りした指南を受けている。不渡り手形、空手形なんだけれども、そこを突き止めないで、先回りしてこういう勉強でこういう成績で普通に生きて、こういう形でやっていかないと大変ですよという指導を受ける。経済的な懸念は、たぶん一〇代の人たちが卒業したあとに直面化して、そのときに自己肯定感の低さが相まって、生きていくということに対してなにか悲観的・ネガティブに受け止めていくのかなと、データから私は推察しているんです。

何を言いたいのかというと、とにかく令和時代のレールに乗るためには「人に迷惑をかけない人」、そのために「良い人間関係を築ける人」、そして「大人が納得する成績を残せる人」の三点セットが必要になる。昭和時代は内申の学業成績だけでよかった。だから令和の貧困家庭で生活する子どもは、「自分は迷惑をかける人間」と、そちらのベクトルへ刷り込まれているのです。むしろそういう生きにくさというか、これから起こることに対しての懸念や心配を別の角度から学生の時代にもう刷り込まれて準備していると思います。

天童：高橋先生は、若い人たちの自己肯定感の低さというのを、現実に感じられることはありますか？

高橋：僕はそれは、ずっと感じてきました。というのは、学校教育の中で、いつも「お前らできが悪い」とか、特に私の場合は余計そうでしたけれど、谷間の世代と言われたんですよ。今もうここで歳を隠す必要はないから言いますけれど（笑）、昭和一九年までは人口が多いんです。昭和二〇年だけ人口が少ないんです。それでまた二二年から爆発的に増えるわけですが、僕たちの学年は谷間なんです。それで「お前らは人口だけじゃなくて成績も谷間だ」って、ずっと言われてきました。やっとそういう心の傷というかダメージが抜けたのが、獣医学部に入ってからかな。というのは、同じ現役で来た人もいるけれども、年上の昭和一八年や一九年生まれや何年も浪人して入ってくる人もいて、対等に扱ってもらえたんですね。「谷間じゃないや」って、初めてそのとき思えました。高校時代まではずっと谷間だ、谷間だって、否定的に言われてきているんです。僕たちだけじゃなくて、おそらく学校の先生は私たちの時代もあるいは現在もですけれど、否定的に言うことによって子どもを叱咤激励して頑張らせようという気風があったと思いますね。高校のときの教師なんて酷いもんでした。「お前らみたいにできの悪いやつ見たことない」と言って、どこそこ高校の生徒はもっとすごいことやっているぞみたいな、外の基準にならない基準を以って比較しちゃうんですよ。特に英語と数学の教師はひどかったな。

天童：高橋先生の頃でそうなんだから、私たちの頃は、当然のようにそんな感じでしたね（笑）。

高橋：大学に行くでしょう。教養でまた数学とか英語やるじゃないですか。高校のときやったのよりもっと優しいわけよ（笑）。なんだこれと思ったね。驚きでした。

天童：否定的に言って発破をかけるというのは非常に日本的ですね。昔の日本の戦争映画の上官はみな否定否定でしごくし、その流れなのか、昭和のスポ根物も同じにおいがする（笑）。

高橋：軍隊式と言うんですか。「なんだお前ら」と言われるの、嫌だったなぁ。

天童：私たちの世代が親になったときも、そうした教育を受けてきたから、子どもにもつい「なんなのこの悪い点数は」と否定的なもの言いをする。子どものことを思っていないわけじゃなくて、思うから否定から入ってしまう。自分たちが九つ叱咤されて、やっと一つ評価されるくらいの教育しか受けてませんからね。それもほめられるわけではなく、できて当然「まぁいいだろう」くらいの評価。きっと前の世代はもっと否定否定の教育を受けてたんでしょう。

高橋：僕は、そういう点で違和感を持ったのが、二つ目の大学で神学大学に行ったときです。アメリカ人の教授が圧倒的に多かったんです。ドイツ人の教授が一人二人いたかな、イギリス人も一人二人。肯定的なんですよ。よくやってきたな、頑張ったなって。最後にもうちょっとこれもやろうよ、と付け足しで宿題が多いのが嫌だった（笑）。それを除けばね、褒めてくれました。

天童：肯定から入るんですね。褒めて伸ばす文化。

高橋：そうですね。この違いはなんだろう、文化の違いだけ？　人柄も違うんじゃない？　と思ったけれども。日本人の英語の先生は、やっぱり否定的なこと言って、きつかったね。

天童：現場でどうですか、先生がこの子のためを思って否定から入るというのは、ありがちですか。

川場：それはその先生の指導のアプローチとか経験とか、その先生の持ち味やクラスの子どもとの駆け引きというんですかね、そういう力関係も考えながら、今は指導しているんじゃないのかなと、私は捉えています。学校とは卒業があるリミットサービスなので、小学校のスタッフは卒業後の三年間のイメージ、中学校のスタッフは卒業後の三年間のイメージというように次のステージのイメージしか持たないし、持てない。

高橋さんの時代の教師たちって否定的な声かけをしても、卒業したあとについては、それが必ず役に立つよとか、君たちをレールに乗せられるよっていう、確固とした裏づけがあった中での声かけを意識していない。まだ、日本が上り坂にあった時代です。その声かけを子どもがどう受け止めようと、その後どうあぶれようと拾ってもらえる時代であった。

今は地に足のついた声かけは無理だと大人の方はもうわかっているんじゃないのかなという気がします。本当にそれを保証できるのかどうかを、大人の方がもうわかっているけれど、やらざるを得ないのではないでしょうか。作られた古いシステムの中では、教師は「先憂後楽」を演じて引っ張るしかないと感じることもあります。あるいは卒後三年間のイメージしか持ち合わせていなければば、そこまで意識はしていないかもしれない。

　ただ具体的に進路の指導なんかは、生徒にいろいろと夢を語らせて、進路の話をさせるのですけれど、ちょっとこれはハラスメントじゃないかなと思う時もあります。「夢ハフ」っていう言葉もあるんですけれど、ここまでこう希望的未来的そして、今頑張んなきゃいけないよっていう導き方に、無理があるなっていう感じを私は受けています。「詰んだ」という将棋や囲碁などゲームの投了で使われる言葉が一〇代の自虐会話でよく耳にしますが、教師の方が「果たしてこの先の社会は大丈夫なのか」という否定的メッセージをあらゆる児童・生徒に無意識に送っているのかもしれない。

天童：今の教育現場の中で、これがあるから子どもたちの自己肯定感が低いんじゃないの、と思い当たることはありますか。

川場：「ブログやツイッターでフォロワーの数が気になる。やめられなくて苦しい」という生徒の相談を思い浮かべました。自己嫌悪感も自己肯定感も「我－汝」の関係性概念です。人間は一人では生きていません。極端な話、今の大人自身の自己肯定感が低いから、大人の後ろ姿を見ている子どもの自己肯定感も低いという粗い解釈もできます（笑）。

　先ほどもお伝えしたように、私は先回りした道徳指導の高さじゃないのかという気がします。たとえば「国連持続可能な開発のための教育」というのがあります。あれは一七項目三四いくつかですね。あれを一つひとつ掘り起こしていって、理解させるには地道な積み上げが必要になります。たとえば山梨の大須成学園に合宿へ行ったときに、お米の研ぎ汁をそのまま流し台へ捨ててしまって小川を汚してしまったら、源氏蛍（げんじぼたる）とか山葵（わさび）など二年前に自然採取できた動植物が今年は見つからなくなる。そういう何か痛みとか喪失体験を伴う中で、スタッフや子どもたちが、お米のとぎ汁は小川に捨てないで植物の肥料として利用していくなど、本当に些細な体験から、持続可能な社会の一項目のもっと細分化された下位項目の大切さにやっとたどり着ける。つまり、あの一項目を肌身で理解するにはすごく時間がかかるし、胆力が必要な作業だと思います。もう結果ありきで、先回りして道徳指導と絡めて伝えていくやり方は、教師からしたらパワーポイントを使えば教材としては使いやすいし、どこか指導をやった感が残りますから、わからないわけではないのですが……。

　また、「食育」という指導があげられます。現場では完食という同調圧力が働くことが危惧されますね。もちろん、児童・生徒同士で分量を調整しているクラスもあります。これも履き違えると「給食を残すことは勿体ないので、クラスメートに代わりに食べていただく。迷惑、迷惑」という文脈になる。ここら辺りは学級担任の裁量に任されていますが、栄養士なども配置されていて、義務教育学校では完食に使命感を持たれるスタッフもいる。

　いずれにしても最初から迷惑指導で入っていくと、自分の存在がなにか原罪を負っているというか、子どもにとっては自分の存在は何か世の中にとって悪いんじゃないかという自己暗示に陥るのではないでしょうか。評論家の荻上チキさんが「道徳指導では、いじめは解決できない」旨をプレス発表か何かで訴えていましたけれど、いじめも法律が制定されて、「いじめは犯罪だよ」という先回りした言い方や標語ポスターから入ってしまっている。いじめが起こらないような人間関係を育む方向へ指導が向かわない。あなたたちはやっぱり原罪を負っているよという、なにかいろいろなところから内面化が積み上がっている感じなんですよ、学校生活の三六五日。これで自己肯定感を高めるって、どういうことなのかなと日々思いますね。

高橋：原罪なんていうのが、今ここで出てくるとは思わなかったけれど。悪人まで救われるんだから、善人はもう何をかいわんやで救われるに決まっているじゃないかみたいなことがあるけれど、やはり自己否定感、肯定感というのは、学校教育に私たちの場合は影響を受けてきたと思いますよ。古い教師には、とにかく否定して、これじゃダメだと思わせて頑張らせようという人たちが多かったように思います。でも実際にそれをやられて、へこんじゃう子の方が多かったんじゃないかなと、僕は思います。そういう人をたくさん見てきたしね。

私も高校時代の数学の教師には、お前らには二桁の点数やらないとか言ってね、一〇〇点満点で五点取れたらよくできたって、いやみを言われました。そんないやみな先生の中で、なんとかして自己肯定感を持とうと思ったけれど、無理があるんですよ。僕は自分で数学できない人間だと思っていたけれども、大学行ったらいいじゃん、自分、悪くないよってどこかで修正できたんですね。今修正する場があるかな。大体神学部なんて理系音痴の人がわりと多いですよ。理数系がわかるのなんて私ぐらいしかいなかったしね。東大の生物の先生が、教養の理科を教えに来ていたけれども、高橋さんすごいねって褒めてくれた。この人は魚の鯉の博士でね、知らなかったけれど鯉の歯って口の中に骨が一本あって、死んじゃうと鯉がその骨を飲み込んじゃって、見えないんだそうです。ということをその博士が発見して生物学のとき教えてくれたんだけどね。「先生が発見したの？」なんてちょっと憧れて、また獣医に戻ろうかと思ったんだけれど（笑）、神学部のときです。そういうときにそういう先生と出会ったというのは、ラッキーだと思います。学校で否定されたものは学校で肯定されないと、なかなか回復できないんじゃないの？　そういう意味では、僕は獣医学部に行って良かったなと思っているけどね。全然関係ない神学部に行ってから感じたことだけれど。獣医学部のときには外科の手術で、こんなこともできないの？　なんていやみなこと散々言われてきたけれど。そういうのがやっぱり、次の世界で修正されるんじゃないかな。家族で修正されるのが一番いいんでしょうけどね。

サバイバルツールとしての別の学校

天童：家族で修正するのが本当にいいと思うけれど、今高橋先生の経験をお聞きしていて、もう一つ別な学校に行ってみる、というのはサバイバルのアイディアとして有効そうですね。

高橋：そうですね。なぜ行きたくなったのかな……。あのとき僕は、北海道の学部時代獣医になりたいと思っていたんです。地方の実習で、飲む・打つ・買うができないって言ったら「馬鹿野郎、出直してこい」って言われたんですよ（笑）。飲むっていうのは酒だなっていうのは見当つくわけよ。打つっていうのはなんだろう、バッティングセンターと言ったら馬鹿野郎（笑）、買う？　ショッピングセンター？　って言ったら大馬鹿野郎って怒られたの。顔洗って出直してこいって。いわゆる獣医なんていうのは、お金があり余っている人が多いから、すすきの行くぜとか、そんなことをやっていた人たちもいた。それで世をはかなんで二つ目に神学校に行ったんですけれど。いやこれ結構本当の話。否定されましたけどね。北海道のある牧場なんですけどね、道産子って馬は知ってますよね、そこで繁殖して飼っているんです。そこで指導してくれる教官がいるんだけれど、結構乱暴な人たちが多くって、それ言われてへこんだんです。それで世をはかなんで、これは神学校行くしかないなって思った。これほんとの、真面目な話なんです。

行って良かったですよ、似たようなやつがいっぱいいて。似たようなやつがいっぱいいると安心するんです。僕よりすごいやつがいるぞと思ったもん。超堅物で偏っているんですよ。経済的な理由で、神学校に行ってれば食いっぱぐれないというのもあったことは確かです。牧師というのは超貧乏なんです、当時……今もだけど。神学校の寮に入っていれば、とにかく食事は朝昼晩出る。そういうところへ行って僕は、ある意味では自分の価値観を変えましたね。変な言い方だけれど、北大の獣医出ていたら食べるには困らないとずっと思っていたけれど、でも精神的に付き合うのは無理というのは感じました。今じゃそんなこと言う人はいませんよ。北大の獣医、いいねくらいは言ってくれるけれども。

天童：先ほども申し上げましたが、本当に今、学校で子どもたちは学習内容がすごく多いし、やらなきゃいけない課題もものすごく多い。たとえば実技で絵を一枚描くのだって、何日もかけてというのでなくて、短時間の授業の中で一枚仕上げて、それで評価される。美や感動を伝えるべき美術でもそういう状況なんですよ。「評価・評価・評価」が常に付きまとう、順番が確実につけられる世界なので、ついていけない子はもう自分を否定するしかない。その子より上の子でも、まだ上がいるから、常に否定が付きまとう。それはそうですよね、一番じゃない限りは、どこかで否定されてしまう社会の中にいて、それを修復してくれるのは基本的に家庭しかないんだけれども、その家庭が両親共働きあるいはシングルだったりすると、なかなかフォローしてあげることができない。もちろん壊れている家庭もあるわけだから、そうなると否定に否定が重なって、不適応になりたいわけじゃなくて、不適応にさせられちゃう。自己否定したいわけじゃないけれど、否定させられちゃうっていう状況がずっと続いている。

今、高橋先生が学校で受けた否定感覚は、やはり学校で肯定し直されないとなかなか回復し得ないのではないか、という意味のことをおっしゃいましたけど、とてもよくわかります。もう一つ違う学校へ行く、それが専門学校でもいいと思うんです。専門学校は各種資格を得られやすいですから。先ほど川場先生がおっしゃった、親が子に、シェルターを与えたい、救命ボートに乗れる救命胴衣を与えたいと思っているのであれば、もう一つ別の学校行ってみることは、それに類する有効なサバイバルツールなんじゃないのかなと思います。

高橋：実際に、奨学金貰えたから行けたんですけどね。私が貰った当時の奨学金は、返さなくていい奨学金で、しかも一ドル三六〇円時代のだから、日本で生活している分には生活費も出ちゃうんですよ。当時国立大学の学費が年間一万二、〇〇〇円だったかな、二万四、〇〇〇円までいってなかったと思うんだけれど、めちゃくちゃ安かったですよ。月々相当な奨学金を貰えていたんだからね、しかも牧師になれば返さなくてよいという、きわめて有利な奨学金でした。

川場：家庭はもう見通しが持てないこれからの社会において、むしろミニ学校化しているみたいな感じになっています。家計に余裕のある一部の家庭以外は子どもと向き合うことはすごく難しいと感じます。ただ、友達親子と言われるように、かつてのように友達とか先輩とか先生に子どもは悩みごとを相談するという関係から、だんだん親に相談をするとか、家族に自分の気持ちを打ち明けるというデータは出ているんです。それが直接的にポジティブなベクトルに向かえばいいんですけれども、お互いがそれで首を絞め合ったりとか、お互い共鳴しあうというリスクもあるので、そこは難しいと感じています。

あと高橋さんがおっしゃった学校で修正できないっていう部分、本当はもう一度学校で修正してもらえればよいのですけれども、別の場所で違う生き方を見つけたり、出会いを作っていくという、サードプレイスと言うか、棲み処（すみか）は大切だと思っています。子ども同士がかかわることで、哲学者の中村雄二郎さんが表現された「トポス」というか、「数珠回し」のように磁場の変容が起こるということを意識する必要があります。初期の適応指導教室は児童・生徒にとってサードプレイスでした。かつて養護学校と呼ばれた今の特別支援学校も、登校拒否・不登校の児童・生徒を受け入れていた地方もあり、ゆるく寛容的だったのです。それらは逃げ場であったり、出会いの場であったが、現在はほとんど学校化してしまった。

とにかく本音を語れる関係性の場が絶対に少ないと思います。人との関わり合いがなければ、自分創りも自分探しも始まらない。他者との出会いがなければ、未(いま)だ来ず、つまり「未来」で終わってしまう。出会いがあれば「将来」、将(まさ)に来んとす、です。

子どもが学生としてのアイデンティティを捨てて社会に一度出たときに、そういう帰れる場所があるか、変な人がいるか面白い人と出会えるか、そこでモラトリアムを作れるかという居場所、棲み処(すみか)がない。何かコロナ禍の息苦しさと重なってしまうと、今お話を聞いて感じています。

天童：高校を途中でやめて社会にすぐ出ちゃうのは、いろいろ無理があるだろうと思っていて、仕事が限られ、給料も先々の昇給昇進も抑えられてしまうし、技能やマナーを教えてもらえる余裕もないまま年齢だけは重ねていくから、将来設計を描きづらく、劣等感を抱きやすいと思うんですね。

以前NHKの「クローズアップ現代」で取り上げられていた課題集中校と言われる高校は、これまでの進学もしくは就職するための知識・知恵・我慢や協調性を学ぶという学校の概念からは外れている学校のあり方です。でも諸問題を抱えている生徒をとりあえず学校に来させることで、学校がセーフティーネットになっている。家庭がほぼ壊れていて、学校に行かなくてもバイトにだけは行けって言う親がいる。そのバイト代を全部持っていく父親を持つ、女子生徒が紹介されていたけれど、そういう家の子を、とにかく学校に来させる。今はちょっとコロナで休んでるけれど、その学校で給食みたいな食事を提供して、生きさせているという高校の話でした。なかには働くことに対して、前向きになれない子もいる。一方でたまたま良い職場に出会えた子もいて、それはすごく明るい表情で希望が持てましたけれど、やっぱり働きに行くことが怖かったり、面接自体が怖かったりというのはすごく理解できる。高校に適応できないのに、それがいきなり職場に適応するというのはすごく難しいだろうし、本人も怖いだろうと思う。

そこで、高橋先生のおっしゃっていた、モラトリアムというか、もう一つ違う学校、あるいは施設など社会の一歩手前のところに属することによって、時間を稼げるというんですか。社会に出る前の時間を持って、そこで一回息をつけること、その上で手に職をつけたり資格を持てれば、少しは生きやすくなるのではと思います。すでに少なくない数の人が一〇〇歳まで生きられる時代で、あとの時間がたっぷりあるのに、一八歳あるいは二二歳という高校卒業とか大学卒業の一つの区切りの年代の数字に、われわれはすごく縛られていると思います。時代は変化しているのに、その点は旧態依然のまま、みんなと同じようにしなきゃ遅れるんじゃないかとか、二二歳で卒業して、あるいは一浪して二三歳で社会に出て、公務員とか安定した職業に就いておかないと、だめなんじゃないのかという固定しきった観念に縛られていることが、親の世代も子どもたちも窮屈にしてしまっている面があるでしょう。獣医の大学に行ったなら、獣医になればいいじゃないかって普通なら思われるところを、ここではもう無理だということで神学校へ行かれる。そういうリカバリーできるような場所にもう一回行くという選択肢を、まず親たちが持った方がいいんじゃないのかなって思います。子どもたちも、一歩外れてこういう世界に行ったっていいんだよ、五、六年遅れようが最終的に変わりはしないよ、という雰囲気をわれわれ社会全体が持った方が、若い命はもっともっと活性化して、国力だってずっと上がるんじゃないかなという気がしています。

職業選択の幅

天童：子どもたちにとって情報としての職業選択の幅が、たぶん少ないと思うんですよ。たとえば課外学習としてふだんから学校にいろいろな職業の人を呼んだ方がいいと思う。

出版社が募集している小説の新人賞はかなりの数に及ぶんですが、それぞれここ近年すごく応募原稿が増えているんですよ。小説家がスター扱いされる時代ではないし、本がすごく売れた時代もすでに遠いですから、もっと現実的な希望から、つまり勤めずに食べられるということで小説、ネットの小説もそうですけれど応募がすごく増えているんじゃないかと感じています。プロ野球の選手になるのは大変なことで、甲子園の四番になってもなれるかどうかわからないけれど、小説家はバックボーンや才能の有る無しがよくわからない。純文学の受賞作品なんて、読んでも何が良いのかわからないし、プロのエンタメ作品だとときおりレベルの低いものも売られてる。だから自分でもひょっとしたらひょっとするのでは、と思い込める余地があるのでしょう。コロナ禍の不景気とステイホームで今後さらに新人賞応募は増えるだろうと思います。つまり職業選択として、とりあえず外に働きに行って頭を下げずに済むというような仕事としての小説家というのが、若い人の中にインプットされているのだろうと思うんですね。

たとえば介護福祉士とか、あるいは理学療法士とかリハビリの先生とか、大学に行かなくてもなれるし、将来的にも安定している職業は多いわけですよ。たぶんそういう職業の存在や価値がインプットされていないんじゃないかと思います。だから、偏差値の高いもしくはそこそこの高校、大学に進んで、公務員もしくはそこそこの企業に就職するという既存の人生レールからドロップアウトすると「もう俺はダメなんじゃないか」「私はどうやって生きていったらいいのか」って先が見えなくなって、どんどん負のスパイラルに入っていく。親も多様な生き方を経験しているわけではないので、とりあえず今の学校を卒業してから考えたら、みたいなことしか言えなくなったりする。だったら違う学校に行きなよ、そこで資格取ったらこういう職業に就けるじゃないのという、モデルを見せてあげられないのが弱いところじゃないのかな。逆に言えば、あなた次第で就ける職業がいっぱいあって、その仕事にはこんな喜びややりがいがあって、多くの人がその仕事で家族を作ったり、充実した人生を送ったりしているよ、という現実をカタログみたいに見せられたり、実際に職業人を呼んで話をしてもらったりなど、学校が仲介地点として紹介できるようになれば、割と変わってくるものがあるんじゃないのかなと思っています。

高橋：そういう苦い思いをね、私たち一度もしていないんですよね。親父の場合は、軍人だったから、戦争終わってから公職には就けなかったわけです。それで何をやったかというと文房具屋をやって、細々と私を養ってくれたけれど、本当に貧乏人だったたってことを私は何も自覚しないまま大人になっちゃったから（笑）、いい気になっていくつも大学に行っちゃったんだけれど、私の世代の親、父母というのは、平気でやせ我慢できる人たちだよね。母も昔でいう高等女学校というんですか、出ると学校の先生になれるとも思わないんでしょうね。そういう学校を出ているのに、大学行けっていうのは一言も言わなかったですね。むしろ親父なんか、「戦地行ってみたら、大学出たやつがどんどん死んでるんだよ。だからお前は、大学なんか出なくてもいいから健康でいろ」って、とにかく遊んでこいって、散々言われました（笑）。今思えば、それが良かったですね。

これもエピソードとして聞いてもらえればなんですけれど、山梨で僕は廃校になった一つの学校を借りていたんですよ。教室は、一年から六年まで各一学級と、職員室、保健室、校長室というふうに、いっぱいあるわけです。これだけ広いところで自由にしていいって言うと、一人ひとり孤立しちゃうから今度は話ができないわけ。それで、さっき川場さんが言っていたように、対人関係のトレーニングといって「言いたいことははっきり言いなさい」と、一日何時間かはセッションを組んでやったんです。本当のことを言っていいよと言うと、「僕はこんなとこ来たくなかったんだほんとは」と言う（笑）。なんでもありだからね、ここでは。暴力をふるうこととか、相手を侮辱することは言っちゃまずいけれども、普通に社会で使っている言葉は使っていいよということで、かかわりあったんです。ほとんどの子は、来たくて来た子はいないんですよ。親に言われて仕方なく来たんだって。じゃあ親にそういうふうにはっきり言えよ、いつ帰ってもいいぞと。親と連絡とって迎えに来てくれる分には、帰してあげる。ここから帰る途中には猿も出るし熊も出るから、怖いんです。実際に猪も出たところなんですけどね、でも連絡して帰る子は一人もいなかったですよ。そんなことやっちゃいけないと、子どもなりに思っていたんでしょうね。

天童：居心地も良かったんじゃないですか。

高橋：たぶん最終的には居心地良いんでしょうね。ご飯のときだけは一緒という基本的な基準と、一〇時になったら電気を消せよというのはあったけれど、こちらからは指図とか命令しないしね。僕君たちがひそひそ話していると、オンボロ校舎だからいつでも声が聞こえるんだって言ってね。僕が廃校を修理しに初めて行ったときに、一人でその部屋に寝ていたんですけれど、いきなりハンマー叩く音が聞こえて、ビックリして起きて行ったらキツツキだった。ほんとうにそんなところなわけね。キツツキは朝早く来るんだよね、そういうところで自然を体感して、感じ取って、どうしたら自分がその中で楽しく生きていけるかということだけ考えてくれよとは言っておいた。私はチェリーさんて言われてたんですけれど、「チェリーさん、どうやって遊んだらいいの？」って言われ、すごいショックでした。遊び方知らないの？　この子って。棒一本、縄一本あったら、どうにでも遊べるじゃんってこちらは思うんです。いくらでも道具があるんですよ。元は小学校だから、綱引き用のロープまであったりね、当然、鉄棒も滑り台もあった。一番よく遊んでいたのは自閉症の子で、ブランコを使って、ずっと揺られていました。あんなに乗ってたら酔っちゃうよなあ、なんてくらい。だから遊び方を知らないという発言にちょっと、びっくりしました。私たちの時代だったら、長い釘一本あったら、陣取りゲームとか言って、土に刺してこれ僕の陣地みたいなことをやった記憶があるんですけれど、今じゃ、釘刺せるような土地もないですもんね。

　実際に、子ども世代の文化の違いは大きいですね。ただし、本当の優しさを知っている人には、子どもは馴染みましたよ。さっき言ったけれど、陶芸の指導をしてくれた南雲龍という先生は、めっちゃくちゃ優しいんですよね。この人は素晴らしい先生だなって僕思いました。だから私みたいな体育会系より、息子は南雲先生の方が良かったんで、陶芸家になっちゃったんだろうなと。

天童：今の息子さんの話にも通じますけど、「そんなことで食べられるのか」と、私も高橋先生も親から言われましたが、実は好きなことを追い続けていたから食べていけなくなった、って人の方があんまり聞かないですね。もちろん好きな道をやり通して生き残っているからそう見えるだけで、力及ばず夢をあきらめた者たちは死屍累々と後方にいるだろうと思われがちですけれども、当初、映画の道を志していた私もそうですけど、初めに望んだ道で食べられなくても、好きなことをやっていると、仲間やコネができるし、似た形の別の道も開けてきます。同じ道を進んだ先輩たちが、いろんな職業に就いていて、まじめに誠実にやっていると、呼んでくれたりもするんです。それで元々の道より、俺はこっちの方が才能がありそうだからこっちでというふうな、いろいろな世界が当人の前に広がっていくということって、割とあるんですね。私の世界なんていうのは、映画だったり演劇だったり、そして小説だって、割と食べられない人たちがたくさん生まれる世界と言われているんですけれども、本当に好きで、面倒をいとわず、どんどん学んだり実作の経験を積んだりしていれば、何かしらの道が開いて食べていけるんですよ、みんなそれぞれ、何かの形では。趣味程度のハンパな好きで、面倒くさいことは避けて、とことん学ぶことも実作の経験も積むこともしない、元々本当は好きじゃなかったんじゃないのというような人は、さすがにどうにもならないでしょうけれど。

先ほど、好きなものはないって子がいるという話がありましたが、そういう子にはとりあえず映画を、アート系もエンタメも区別なく、傑作・愚作の評価も関係なく、時間のある限りガンガン観てみたら？　とか思ったりします。ゲームをとことんやり続けるうちに、プロのゲーマーやゲームメーカー、最近だとeスポーツのプレイヤーになる道が開けるように、映画をずっと観続けていると、ドラマがわかってくるのでシナリオライターになれる可能性があるし、映画監督や小説家にもなれるかもしれない。美術や照明やメイクのスタッフに興味を持って、専門の学校へ、さらにはハリウッドへ行きたくなるかもしれない。実際そうして、アカデミー賞のメイク部門を受賞した日本人もいます。俳優の道に進みたくなるかもしれないし、評論家やライターになれるかもしれない、と道は広がっていく。好きなものというのは、アニメとかもそうですけど、一つの職種で成立しているだけじゃなくて、その脇で支える形で食べている人がたくさんいるので、就ける仕事も割と広がるはずなんです。親が心配しすぎて、先回りして、そんなのでは食べられないよと止めるよりは、本当に好きだったら背中を押してあげるくらいの方が、いいことはあるんだけれども、ちっちゃいときに、食べられないからやめろって壁を作られちゃうと、将来の不安にさいなまれたときの逃げ場がないし、だったら好きなことをやればと今さら勧められても、いったい何が僕は好きなのかって、途方に暮れちゃうんじゃないかなという気がしますね。

高橋：全国行脚して歩く仲代達矢さんの劇団で「無名塾」ってあるじゃないですか、そこにね、見学に行きたいっていう子が私の所に来ていたんですよ。娘さんが不登校で父親に虐待されていた。彼女は見た目すごく可愛い子でね、綺麗な子だった。それで仲代さんのところに連れていってやるよって、行ってみて一番最初に言われたことが、「中途半端な気持ちじゃここ続かないよ。ここには慶應出た子もいるし早稲田出た子もいるし、皆大学出ているんだ。あんた大学出て物足りなかったら来なさいよ」と言われて、すごすごと引っ込んでしまいましたけれどね。いやすごいこと言う人だなって、「こっちが入門したくなったぜ」と思った（笑）。いやあ大変だなあ、役者とかってすごいんだなあって。その代わり言われた言葉が「うちにはね、大学出た商人の息子だの娘だのって人が多いんだ」と。「客商売だからね」って、あのとき奥さんの宮崎恭子さんに言われたの。「インテリじゃあ務まんないんだよ」って。どういう生活を普段送っているのかわからないけれど、仲代さんって迫力ある人ですよね。

天童：そうですね。直接お会いしたことはないですけど、素晴らしい俳優さんです。

高橋：僕は直接、二度ほど会っていますけど、なかなか迫力のある人だなと。奥さんも、はっきり言う人だなと。亡くなっちゃいましたね奥さんの方。「無名塾」というネーミングもすごいなと思った。でもそうやって、はっきり言う方が多いですよね。

天童：現場は多いですね、芝居は特に。映画は現場が終わると散りぢりですが、劇団はずっと継続するので、ヘタな甘やかしは当人のためにも集団のためにもならない。コロナ禍で、飛び込んでくる子が多いそうだけど、育ててもらうつもりじゃ続かない。自分で進んで責任をしょい込む覚悟が必要ですね、小劇団に友人が多いのでよく知っていますけれど。

高橋：演劇でいえば、浅利慶太さんのところに入門希望の子がいて、やっぱり連れて行ったことあるけれど、叱咤激励を受けましたね。前衛的なものもやっていましたね。

川場：高橋さんと天童さんのお話を聞いていて、これからAIが手を振ってくるICT時代では、一つの法人や組織に墓場まで面倒を見てもらうライフプランはもう難しいのではないかとあらためて思いました。「同一賃金、同一雇用」と言われますが、個人が企業や会社に頼らないでサバイバルしていくには、実存的な自信が必要になると思います。一部の専門職やエキスパートを除いて、大半の大人にとっては、先行きの見えない社会を生き抜くことになります。その不安にもがいている大人の姿を反面教師として見て嘲り笑うには、児童・生徒にはまだ経験や知恵が不足しています。だから、メディアで放送された沖縄の成人式のリポートを観ると、まだ沖縄の一〇代は健全だな、と思います。質的研究によれば、大学進学や学歴への対抗意識やカウンターとして、沖縄の一〇代は成人式で弾けている側面もあるようですから。

高橋：実際には、日本で農業で自分が食べるだけでも収穫してやっていこうと思ったら、それ以上の金額を掛けないと、食べていけないんだよね。川場さんも、農地を借りてきてタダで子どもたちにやればできるけれど、元手がかかっているわけでしょ、肥料代にしろ、人手にしろ、さすがに農薬は使わなかったにしても、結構高いものにつくんだよね。

川場：イチゴとか、ドラゴンフルーツを作るとかっていう話じゃなければ、稲というのは水の管理さえできれば、年間にかける労働時間はかなり低いんです。自分が生きていける熱量さえまず確保して、そこから余った時間をどうするかという、それが一つのモデルになるかわからないけれども……。「晴耕雨読」の「読」は何も紙ベースではなくて、リモートのオンライン画面でも可能なわけです。

高橋：いや、気持ちとしてはよくわかるけどね。

川場：あと、これからは一〇代から「不眠症」の時代が始まると私はとらえています。ほぼ二四時間オンラインに浸潤されるので、自律神経も失調しやすくなる。メンタルヘルス上、太陽の光を浴びなくては一〇代がいくら「眠る力」は強いとはいえ、限界が出てくると思います。これも一つ自分の生活スタイルを振り返りながら自戒を含めて、稲作を試みていました。

天童：高橋さんがおっしゃるのはすごくリアルな、現実生活において押さえておかなきゃいけないポイントですよね。もちろんオルタナティヴな道を提示されたいという川場さんのお気持ちはよくわかるし、働く場の一つのあり方として農業というのは絶対ありだと思います。ただ子どもたちが、新たに集まってイチから農業を始めるというのは、かなり無理がある。今各地域において大規模経営の農業を運営する、若い人手が欲しい企業があります。あるいは小さなコミュニティの中で都会から離れて何人かで有機や無農薬の農業を行っているグループもわりと出てきている。なので、そうした企業に入社するか、コミュニティグループに、やる気を示して入れてもらうとか、そういう形から始めないとやはり無理だろうと。知恵もいるし、農業は天候に支配されるので、大雨の時期がずーっと続いたらそれでダメになる。その一年がダメになったら、資本なり借入先なりがないと終わっちゃうので、そういうリスクを負うマネジメントも含めて、農業という職業を学び、人手を求めているところで働く前の一つの段階として、川場さんの言われている農業でも食べられるよという提示型の共同作業がある、ということだろうと思います。

川場：実際連れて行った子で、農業をやりたいですという子は残念ながら一人もいなくて、私も職業として結び付けようとしたっていう意識はないんです。こういう経験があれば、どんな状況でもサバイバルできるね、くらいのイメージでした。農業には第二次、第三次産業と違って、一年に農事の暦（こよみ）が必ず巡ってきます。足がしっかり地に着いていて、アイデンティティの拡散が起こらない。

天童：この社会をサバイバルする方法はいくつもあるよって、大人たちが現実に具体例を見せてあげることはとても大事で、生きづらさや息苦しさを感じるのは、いろいろな生き方や生活のあり方を肯定的な目で見たり体験したりできていない、というのが大いに関係していると思いますね。

高橋：実際にサバイバルの仕方でね、僕は獣医だから余計なのかもしれないけれど、有畜農業というんですか、家畜を飼いながら農業をやっていくっていうことで肥料も自給できるっていう部分をね、しっかり基礎から教えていかないと、難しいよね。有機農法なんて簡単に一口に言うけれども、これは難しいわ。僕もそれをやって、「おまえんとこの害虫がうちの畑に来た」なんて言われて、「どこに目印がついてるの？」って言いたくなるくらい、散々言われたからね。みんなね、農薬かけるわけですよ。それこそ飛んでるツバメでさえも農薬で、くちばしの先が溶けて落ちちゃうようなね、それくらい農薬使って平気でみんな農業やっているんでね。それを使わないで、有機農法だけでやろうなんていったって、誰も信じちゃくれないしね。勇気がいるよ、散々文句言われたからね。僕は自分の家の野菜はそれで、なんとかまかなってきたけれど、これは難しいなあ。

天童：私は四国の松山が田舎なので、友達に農家の人が多くて、農薬散布について大変なことも散々聞いているので……。農家は大変ですよ。

高橋：大変だと思います。

川場：今は高齢化しているし、あの雑草を忍者熊手や一本爪熊手（いっぽんづめ）で取る作業は途方に暮れる。だから農薬だったら一発です。

天童：農業をやれれば、たぶんどんなところでもやっていける（笑）。

高橋：ヒルはいるしね。ヘビもいるし、カエルもいるし。実践するって大変なことだ。

天童：自然が相手なので細かなディテール一つひとつが面倒で大変ですよね。ただどんな世界でぁれ、食費や家賃や生活費を得るということ、つまり働いて対価を得て、暮らしてゆく道は、面倒くさい状況や大変な局面を乗り越えたりかわしたりして歩き続ける道なので、楽とは言えないのは確かです。いまの人間関係がつらくてとか、いまの学校のあり方が息苦しくてとか、こんな醜い社会で生きる意味が見いだせなくてとか、現在の状況にノーであることは、冒頭で述べたように、むしろ健全な精神状態だと私は思っています。だからといって引きこもる方向ではなく、別の学校へ進んだり、学校の外に自分の世界を作ったり、新しい人間関係を育てることをして、一般とは違った価値感でこの社会に生きる意味を見いだすべきです。

そのために、ただじっと人任せで手を差し伸べてくれるのを待つっていう話ではなくて、みんな個々に自分には何が必要かを自分で考え、厳しく立ち上がってもらわなきゃいけない局面があるのは間違いありません。

高橋：僕が行っている東北地方の学校は、農園も持っているんですよ。今は、そっちを手放して一つにまとめちゃって大きいグラウンドにしたのかな。果樹園とか、ハウスを持っていて、そこは完璧に無農薬でやっていたんです。管理するお年寄りが二人いて馬が一頭いたな。農耕馬ね。そこで今は事業部というのを作って、果実を栽培して、その果実の一部をブドウ汁、ジュースって言わないところがくせものなんだけれどブドウ汁。いろいろ無農薬でおいしいものがいっぱいあるんです。出張で行くと、パンもいつもそこで三日分くらい買ってきて、そこのパンを食べています。調理師科というのがあって、そこを出た人たちが、一流のホテルに就職したり、一流の旅館に就職したりしているんだけれど、そこのものはおいしい。レストランも事業部で運営しているんです。そこのランチがものすごくおいしい。店屋物を取るよりはいいと言って、僕はそこ行って安い六五〇円の定食を食べているんだけどね。ああいうやり方だったらいいと思うな。もちろん採算なんか合っていないと思う。事業部で加工するから、高くなると思う。ブルーベリージャムなんて高いし、あとはリンゴジャムとか、ジャムが四種類くらいあるのかな。汁はリンゴ汁・ブドウ汁、あとなんとか汁とかいって、やっぱり三種類か四種類ある。ほんとうにおいしいですね。

川場：コロナ禍をきっかけとして、正社員形態でも、兼業禁止じゃなくて、むしろ副業兼業してどんどん仕事を見つけてくださいという企業や組織がもっと増えてくるのではないでしょうか。テレワークをしながらサバイバルを身につけつつ、自分の好きなクラフトワークをいろいろと追求したり、幅広くやっていける一つの参考として捉えてくだされば……。

高橋：副業でちょっとやるのはいいかもしれないね。確かにジャム作りなんか時間をゆっくりかけなきゃなんないけれど、小さい果実でも大量に取れれば、十分採算が取れると思う。東京でもやるのかな、全国組織があって、そういうところで安く売っている。羽仁もと子さんってご存知？　あの人の提案で作った学校。

天童：自由学園ですね。

高橋：自由学園は東京だけれども、同じ系列で東北にも二つ学校があって、この三つは連携しあっていて、教員たちも行き来しているけれど、「生活即教育」羽仁もと子って書いた立派な掛け軸があります。あそこはすごくいいなと僕は思ってます。

国のデザインにかかわる教育

天童：文部教育が、長期にわたる国づくり人づくりヴィジョンに基づいて、ブレない教育を腰を据えて続けてゆく……方針転換は経済界の圧力や政治家の情緒的なものによらず、必ず科学的エビデンスを複数取ってからにする、というふうに変わってくれるのが一番いいんです。けれども、今のところはまったく変わりそうにない。個人には大きな流れは変えられない中で、今つらい、やっていけないという子どもなり、親なり、それに関わっている教師なりが、ちょっとずつ汗をかくしかないのは間違いないんです。ほっといて救ってもらえるくらいなら、そもそもこんな教育になっていない。人任せで待っていても、今の政治や社会のあり方では救いの手は伸びてこないので、サバイバルしていくには、自分からアクションを起こさなきゃいけないことっていうのがあると思います。

その中の一つが先ほど高橋先生がおっしゃっていた、奨学金を受けて大学に行けたという話とも通じるけれども、公的な助成のお金を得る、ということです。実際に経済の問題って小さくない。DVとか虐待が起きる遠因としても経済的な問題は実は大きい。ふだんからセーフティーネットとしてのお金をもっと国が今回のコロナ対策のように出すべきなんです。公助より自助を求める国だから、なかなか出さないわけですが、そんな国でも探せば助成金とか奨学金とかいろいろなところから出ているんです。民間からの奨学金とかもありますしね。ただし日本の大きな問題は、申請主義なので、申請しないとくれないという悪しき習慣があって、たとえば各種の助成金や給付金も高齢者や情報の少ない人は、申請できないから貰えない。子どももこうした情報弱者と同様に、申請しないから貰えないケースが実はたくさんある。だから生き残るために得られる助成金だったり奨学金について知らせる道、アクセスする方法を、学校の担任や養護など担任外の教職員がもっと知恵をつけて知らせてもいいんじゃないのかなって。お金のことで学校に行けなくなった子がやっぱりいるわけですから、各種の救済情報を現場の先生にも知ってもらいたいし、子どもや保護者に知らせてほしい。食料援助などのセーフティーネットの活動を行っている団体もあると思うし、こんなことすれば助成金が貰える、親が困っていたら授業料を立て替えるものもあるよって、勧めることもできる。現場の教師が無理なら、スクールカウンセラーみたいな方に、不登校や教室に入れないのは、心の問題だけじゃない場合もあると思うので、経済的に苦しいならこんな公助、共助の情報があって、これが少し助けになるかもしれないし、助けを求めることは少しも恥ずかしいことじゃないよという、そういう伝え方もあると思う。精神的な支えはもちろん大事だけれど、経済のサポートというのも、割と見過ごされがちの大きい問題じゃないでしょうか。そこからできることもあるかなというのを、高橋先生の奨学金のお話をきいていても思いました。

高橋：そうですね、あれは本当に助かりました。

天童：私も奨学金を借りたんですけれど、あるかないかでは、大分違うんですよね。

高橋：いや全然ちがいます。しかもね、後で返さなくていいってやつが良かったですね。アメリカのでしたが、当時アメリカは景気が良かったからね。

天童：私のは返さなきゃいけなくて、面倒ではあったけど若いときに助けてもらってよかったと思ってます。今はコロナによる経済悪化で学習や進学がままならない人に、返さなくてもいい奨学金を企業が基金を設けて行ったり、日本財団とかも行っているという話が耳に入ったので。でも、どこまで子どもたちの耳に入っているかが疑問なんです。たとえば先に挙げた「クローズアップ現代」で紹介された課題集中校の生徒さんに、どれだけそうした公助、共助の情報が入っているのか。現場の先生も知らないから生徒に案内できないっていうこともあると思うんですよね。そういうお金を出すところへのアクセス方法なり、どう活用できるのかというスキルなりをもうちょっと知恵をつけて、困っている子どもやその家庭に伝える、つなげるという道を考えてもいいんじゃないかなと思っています。

川場：税金をどう使うかという話と関係してくると思うのですが、なかなか難しい。日本の教育費は世界に比べて少ないと報告されています。ではそれを増やすとしたら、どこにその増えたパイを回していくのか、と。私の考えではＮＰＯとか高橋さんのようなバイタリティに溢れる民間の方たちへ渡してもらって、先ほど天童さんがおっしゃったようにサードプレイスというか、若い人が下がった自己肯定感をもう一度高められる出会いを作ってあげるべきだなと思っています。バウチャー制度[注9]も一案です。

高橋：どうなんだろうな。日本ってひとまとめにするわけにはいかないけどれ、一部のエリートが文部教育に影響を与えているでしょう。すごい影響力だと思いますよ。以前、車に体当たりされて、ハンドルと座席の間に挟まれて身動き取れない交通事故に遭ったときに、ちょうどすぐ近くに職種関連の病院があって、そこに救急搬送されたんです。そこで、「どなたか知り合い、いますか」っていうから、知り合いがいるので名前をいったら、いろいろ調べたらしくて、彼の身分なんか僕は知らなかったけれど、どうも出世しているらしくて、もうそれからがすごい。病院長が挨拶に来る、看護婦長が挨拶に来る、もうどこ行くにも車椅子についで歩いて、下にも降ろさない扱いね。あれはちょっとびっくりしたけれど、完全に縦割り社会。馴染まないですよ。

天童：これまでわれわれが話してきたことというのは、この本を誰が読むのかにも関わるけれども……もし、この国をデザインしたり教育をデザインしたりする責任を負うポストの方が読まれることがあるとするならば、生きづらさを感じている子どもたちとか、不適応になっている子どもたち、およびその保護者や教育現場の人たちへの提言にとどまらなくて、実はこの国の大きなデザインにかかわる問題であり、提言なんですよ、と伝えたいです。今のままの教育情況および環境だと、確実に国力は落ちていくし、大きな社会的損失、経済的な損失を生み、日本人全体の誇りや自立心など精神的にも損失を生むのだということを、理解してほしいと思うんですね。これは私の中学時代くらいから始まった教育の変化で、一番の転換点は一九七二年の浅間山荘のテレビ中継だと私は思っています。犯罪を犯した一部の学生運動家の問題が、テレビの全国生中継を通じて、さほど政治に関心のなかった人を含め全国の老若男女に、政府の決めごとに反対する運動というものが、押しなべて非常に厄介なもので、悪なんだと無意識レベルにまで刷り込まれたと考えています。そのくらい山荘に打ち込まれる鉄球の映像は強烈で忘れがたいものでした。

あの事件、というよりあの映像が全国民に視聴されて以降、社会運動というのは人々の共感を失い、政権側は人々の無意識のコンセンサスも得て、反抗しない学生、従順な若者を育てるための管理教育を強化していったと思います。そのあとマークシートの共通一次が始まって、詰め込むしかない教育に移行してゆき、一〇代の子たちは物事を深く考えたり悩んだり、社会情勢や政治に目を向ける余裕がなくなった。上からの命令に疑いを持つんじゃなくて、とにかく言われたことにイエス。出された問題にはすでに同意された複数の答えから一つを選んでという形であり、自分でイチから答えを考えるのではなくて、上が考えたものの中から、一つだけ適応する答えを出していくことを求められる。その答えが全部合ったものが上に行けるというシステムに、ある時期から変更してしまった。

日本が戦後発展してきたのは、戦争が終わった後に、親も学校の先生も嘘をついていたし、軍部もマスコミも嘘をついていて、上にあるものはもう信じられない、「騙された」と若者や子どもた

（注9）教育に使用目的を限定したクーポン券を子どものいる世帯へ配分する政策。

ちが気づいたことによるものです。まず疑わなければいけない、自分で考えなければならない、自分で切り開かなければいけないという世代が、敗戦を機に生まれ育った。上に従うのではなく自分たちで考えて進めるというモチベーションを持っていた人たちが、現実の仕事に就き始めたことにより、五〇年代から六〇年代・七〇年代で、経済も文化もすごく伸びたじゃないですか。新しいものを発明したし、映画とかドラマとか力が一番あるのは五〇年代から六〇年代・七〇年代、全部あの頃ですよ。八〇年代からはだんだん怪しくなり、マークシート教育を受けだした、われわれの世代が就職していくと、上からは「イエスマンばっかりじゃないか、指示待ちじゃないか」ということを言われ始めた。当たり前なんですよ。イエスマンになるように、指示を待つように育てられてきたんですから。その世代が今、経済界のトップになっているんです。だから日本発のイノベーションは生まれないし、新しい発明も新しい経済のあり方も生まれず、どんどん他国に追い越されていって、二〇一〇年以降もずっと実態経済は下降気味だし、日本全体が活気づくような画期的発明も生まれない。経済団体は短期の利益を増やすために、人件費を減らすための非正規雇用だけを増やすようなことをして、今少子化になって、給料も下がって、ものを買ってくれないと嘆き、経済界のトップが「何でこんなことになっちゃったんだ」と首をひねっている。「いや、あなたたちがそうしたんじゃないか」という、笑うに笑えないような世界なんですよ。

今政府の方も、周囲をイエスマンばかりをそろえようとして、NOを言うような教授は学術会議の会員に任命しないとか、官邸や有力政治家の意向に異論を唱える官僚は外すというようなことをしている。官僚は知識があり、案を考えたり、事態を対症的に処理したりする能力は高いかもしれないのだけれど、自分から意見を言って飛ばされるのが嫌だから黙って指示を待って、おかしいと思っても従ったり、ときに改ざんしたりという人ばかりになってしまった。結果として国力は落ちている。そうした積み重ねの上に、今私たちがずーっと話してきた問題があるわけですよ。

子どもたちの生きづらさというのは、われわれ一般市民の生きづらさでもあり、実はそういう長い、国レベルの問題があるので、全部の社会的不利益、国力の退潮というのと重なっている問題なのです。本当に国力を上げたい、経済を上げていきたいというのであれば、なにより教育のあり方を直していかないといけない。長期スパンで考えて、詰め込みじゃなくて、NOを言える子どもたち、異論を唱えて、もっと疑いを持てる生徒・子どもたちを育てる教育に変わっていかない限りは、国力も上がっていかないし、経済も上がっていかない。教育を最前線とした国全体のあり方が変わった結果として、今生きづらさを抱えている子たちも、違う世界が開けてきて、変わっていくというのが、私の中では大きな論なんです。この本を目にした人が「ああそうだな」と思いいたったり、トップにいる人が気づいたりして、何らかのアクションを起こしてほしいですけれど、なかなか現実はそうはならないでしょう。変わらない現状で、個人的にサバイバルするというときに、もう一つの学校に行くとか、受けられる経済的援助は権利なのだから積極的に受けるとか、好きなことがあるならとことん熱中してやることによってブレイクスルーできるんじゃないのかなあと。今回の鼎談で、ひとまずの生きづらさへの対応策として、経済援助についてと、好きなことをやったり、別の学校に行ったりということを挙げられたところは、押さえておきたいかなと思います。

経済問題

高橋：実際に好きなことをやらせてもらうというか、もう一つの学校に行けるというのは、確かにお金のかかることだね。あれは奨学金もらえたのが、運良かったんですよね。日本で今返さなくていい奨学金ってあんまりないでしょう。しかも安いですよ、特別奨学金でも、めちゃくちゃ安いじゃないですか。生活費まで出ないですよ。

天童：少年犯罪の更生の問題、ここにも経済の問題が関わっていると思うんですね。なぜ、少年たちが犯罪を犯すのかという背景に、経済の問題は深く関わっている。たとえば家庭の貧困によって、勉強に集中できなかったり、ついてゆけなかったりして落ちこぼれ、周りから浮いていく。それで「つまんねえな、なんかやるか」と、仲間でつるんで非行に走る。非行行為を犯した時点だけ見るのでなく、背景として経済的に小五・小六・中一・中二の子ども時代にどんな思いをしていたのか、彼らの家庭環境における経済問題という面を、本当は丁寧に視野に入れなきゃいけないのではないのかなと思うんですね。子ども食堂やボランティアの学習教室に通わざるを得ない環境にある子どもに対しての、セーフティーネットとしての給付金を出すという考え方を持つようにしないと、結局、社会的な損失になりかねない。

更生の問題を国会で議論して、更生施設を出たあとの仕事や受け入れ先を法律で定めていくべきです。もちろんまずその前に更生しなきゃいけないような状況にさせないこと、犯罪を犯させないという、そっちが大事ではあります。被害者も生まれないわけだから。加害者の更生を議論しようとすると、じゃあ被害者の救済や立ち直りはどうなんだ、被害者やその家族は一生苦しむのに、加害者は幸せになることが保証されるのか、という至極当然の反発を受ける。だからこそ更生の問題も大事なんだけれど、更生しなきゃいけない状態に行かせないことを、まず国なり行政なり、教育者が考えるべきです。言葉がけとか精神的な支えとかはもちろん大事だけれども、まず一番に必要なのは「お金」。俗物かもしれないけれど、割と大事なことだと思う。皆そこをちょっと避けている部分がある気がしてしょうがないんです。貧困が必ず犯罪を生むと言っているわけではありません。そこから差別が生じるのは絶対避けなきゃいけない。ただお金は精神的にも大事だということ、出すべきものを出した方が、最終的には損失を防げるんだという考え方は、もっと社会全体で共有した方がいいという気がしているんですね。

高橋：私立高校のスクールカウンセラーをやっていると、親の貧困で通わせきれなくなって中退していく子が結構いるんですよ。学業で遅れるんじゃなくってね。よく子どもの貧困って言うでしょ、あれは親の貧困ですよ。

天童：そうですね。

高橋：私が行っている学校は、他の私立より学費が安いかもしれない。いくつかの奨学金も優先的に、やっているんだけれども、それでも払いきれない。何とか工夫できないのかなと僕は思うけれども、レベルの高い子は、高等学校卒業程度認定試験、高認取って大学に行ったりしていますね。高認の試験はそんなに難しくないんですよ。ある意味で、あれは救いだなあと思う。

天童：その制度があるから助かっている子たちはもちろん大勢いるんだけれど、経済的に進学できない子たちもいます。そもそも小学中学のあたりで貧困のために自尊感情を持てない子たちがかなりの数いるのがはっきりわかっているのに、対策を打ち出せずにいるのが日本の根本的な貧しさと言えます。

高橋：そうですね、もっと行政がね、積極的にそういう子の学習支援のためのお金を出したらいいのに。

天童：そこはすごく思いますね。

やっぱり助成していくことというのは、これからはさらに大事だと思うんです。特に小学生くらいから助けていかないとだめだという気がします。借りることを恥ずかしがらないような雰囲気、風潮にもなってほしい。小学校の給食費も含めて、助成してもらうと恥ずかしいから親が申請しないということもあったりすると思うので、そんなことは別に恥ずかしいことでもなんでもなくて、権利なんだから。恵まれたり恵まれなかったりというのは運もあるので、自分のせいじゃないことまで自己責任として考える必要はない。権利があるのだから、子どもたちの健康や自尊感情を育むために、貰えるものはどんどん貰えばいいと思いますね。

高橋：最初の大学のときも、三分の一ぐらいの学生が、当時一万一、〇〇〇円だったように思うんだけれど特別奨学金を貰っていたと思います。国立大学の年間の学費が一万二、〇〇〇円の時代だからね。そのうちの一万一、〇〇〇円が特別奨学金でぽんと出すわけだから、それは楽になりましたけどね。

川場：先ほど少年犯罪の話がありましたが、少年法が一九四七年に生まれて、二〇〇〇年に改正されました。五〇年間ほぼ手がつかなかったのに、どうして二〇〇〇年からいきなり五回も六回もパッチワークのように改正されてきたのか。少年の起こす事件というのは戦前の事件と比較すれば、戦後は質も段々マイルドになってきている傾向は多くの研究者が指摘しています。その中で二〇〇〇年に入って数少ない事件を取り上げて、一四歳・一七歳の犯罪というくくりで言説化していった。その理由はグローバリゼーションという大きな波に対する不安と怒りを少年事件に転嫁させて投影したことは否めないと思うんです。マスコミも今でいうGAFA（ガーファ）、つまりビッグ・テックに喰われる恐怖から目を背けるために、あれらを事件化させてモラルパニックに便乗して足掻いたのかなと思っています。

時間学の知見によれば、一〇代の一年間の伸びしろは、おそらく中高年にとっての三年分五年分の長さに匹敵します。たとえば一六歳から一七歳の一年間に、仮にお金を更生のために投資してあげることは、単純に中高年の何年分かの投資分に相当します。これはコスパの話ではない。教育の基本は「赦しと謝罪」ということを考えたときに、もっともっと子どもに対して投資をしていくことは大切だなと、今だからこそ感じました。

天童：このコロナ禍に限らず、若年妊娠も少年犯罪もそうなんですけれども、起きたあとの対処をどうしようかというアフターケアにばかり、この国は力を傾けすぎている。ドロップアウトしそうな少年少女が犯罪に手を染める前にどんなサポートが必要で、社会がどんな防波堤になってやれるのかという議論とか、若年で妊娠することを避けるために、子どもたちにはどんなアプローチが有効か。もし若年妊娠した場合には精神的に、経済的に、どういった援助を公的に行うべきか、という議論は手つかずのままで、たとえば児童虐待が増加傾向にあると、児童相談員を増やすとか、相談所の権限を強めるとか、警察との連携を密にするといった後手後手の策で落着させてしまう。この国は、根っこを何とかするという発想がないのかなと、本当に先行きを危惧しています。

若年妊娠については、性教育を基本的にしっかりやるということから対処すべきです。なのに、やらない。性教育というのを一部の政治家が非常に矮小化して、セックスの周知だと思っているのかもしれないけれど、生命教育なんです。つまりセックスをすると何が起きるのかということを、しっかり教えることによって、生命の大事さを伝えるわけです。だから子どもが生まれたときには喜びもあると同時に、子育ての大変さもある。夜泣きもするし、おむつを替えることもどれだけ大変かというのを全部教え、だから避妊も大事なんだよと伝える。子どもたちの行動を全部親が監視しているわけにはいかないので、好奇心から性行動に走ることは、どうやったって防げない。家庭が壊れていたり勉強がついていけなかったりで自尊感情を失っている子たちは、セックスだけが相手から認められる唯一の方法だと考える場合もある。大事なのは、避妊も含めた性教育と生命教育です。そこをしないと、望まない妊娠によって一〇代の最初の頃に人生の大幅変更を強いられるわけですよ。後戻り不能の人生変更です。妊娠さえなければ、楽しい学校生活のあと、ＯＬになって、大人の出会いがあってという人生がある。それが、一七歳ぐらいで子どもを産む、あるいは産まないという大決定を下さなきゃいけない。産んだらそこから、まだ遊びたい年頃なのに、友だちは学校やカラオケではしゃいでいられるのに、か弱い命を責任を持って育てなきゃならないという、大変な人生を歩まなくちゃいけない。もし堕胎になったらそれはそれで重い罪悪感を背負って生きていかなければいけない。それを子どもに押しつけているのが、今の政治家ですよ。そんなつらい思いをさせることを想像できず、自分たちの古いセックス観念において、性教育をやめさせた政治家の罪は非常に重いと思う。

まず、若者を守るためにも、その子たちの人生、あるいは社会的損失を防ぐためにも、早急に生命教育を含んだ性教育、避妊を含んだ生命教育が必要です。レイプなど性犯罪による望まない妊娠を避けるための緊急避妊薬の入手を楽にすることと、その周知の必要性もここに加えておきたいです。こうした問題を「寝た子を起こす必要はない」などの古臭い考えで子どもから遠ざけるのは、子どもを考える知恵のない愚者として貶めた見方です。子どもたちはきちんと教えれば理解します。必要な情報を伝えれば、どうすべきかしっかり判断できます。間違った行動を取るのは、正しい情報をきちんと伝えられていないからだろうと思います。ですからセックスから妊娠、出産、子育てにいたる、いわば妊産婦とそのパートナーに対して保健所などが行っている周産期教育と同じような人生教育を、中学生から始めるべきです。これは緊急に始めるべき対応だと思います。

それとともに、先ほどから言っているセーフティーネットが必要です。高橋先生のおっしゃったように、子どもの貧困じゃなくて子どもの親の貧困なのだから、貧困家庭に対してのセーフティーネットを、国、社会、地方自治体を含めてもっと考えていかないと。子どもが親の貧困でつらい思いをして、教育からこぼれていったり、ときに犯罪へ走ったり、あるいは若年妊娠へつながっていくこともあるわけですから。子どもたちの生きづらさに対して、コロナ禍の今、またコロナ終息後も見越して早急に、その二つは声を大にして求めたいですね。

Ⅳ　鼎談を終えて

今の子どもたちは何が生きづらいのか

川場哲也

鼎談で伝えきれなかったことや鼎談を終えてあらためて振り返った管見を三つだけ記したい。

一つはコロナ禍で家族が悲鳴を上げている姿は、若かりし頃の高橋さんがかかわってきた昭和時代の事例（登校拒否、学校恐怖症、家庭内暴力、家出徘徊）から浮かび上がってはいた。当時は発生率が氷山の一角、数％のマイナーな対岸の火事として見過ごされてきたのだが、令和時代は数％の話として片づけられなくなった。学校不適応を起こしている児童・生徒の感性から表現される内容は、一〇代の多くに通底している。確率論からみれば、恵まれた特性と家庭環境によって、リア充を謳歌している「運」の良い一〇代も多いはずである。しかし、その橋幅は狭く「明日は我が身」の状況の中、令和の一〇代は橋げたを渡っている。

数値や言葉の一人歩きは危険なので、諸データと私の臨床経験から大まかに推定すると、格差社会とコロナ禍の波を受けて、例えば中学生ではクラスの二割〜三割は何らかの支援が必要となっている。さらに三割は「明日は我が身」の可能性が高い。残りの四割〜五割は強(したた)かにサバイバルして、謳歌している。これらの割合を多いと見るか少ないと見るかは、解釈と判断が分かれると思う。

二つめは、私が農作業を山梨の大須成とか千葉の鴨川で集落の人と一緒にやっていて感じたことだが、共同作業とは「助け合い」とか「思いやる」とかいう柔らかな言葉ではなくて、相手を利用して自分がサバイバルするという戦略が共同体とか、グループの基底に在る。そうやってお互いを利用して作物の収量を上げていかないと、結果として集団が生き残っていけないので、ひいては自分という個体も死滅する。逆を言えば、自分が倒れてしまうと共同体の存続にかかわるので、最終的にメンバーのために自分を守らなければならない。共同体にはそういう関係性の力が働いていたことだった。実際にはメンバー一人が欠員しても補っていく安全弁は集落共同体にはいくつも有るが……。

そして鼎談で伝え残したが、副業・兼業の利点とは確定申告書を自分で作成することへつながる。この作業を経て、自分が納めた税が何に使われていくのか、誰が仕切っているのか、を初めて意識することになる。私たちは聖書や聖典の上に手を乗せて契約や宣誓を行う国民ではないから、超越者と対峙(たいじ)する主体性や自我は育ちにくい。だから世間体や空気を尊重する。確定申告は権利や義務への意識を育てるので、世間体から育った私たちが、大陸で育った自由と責任を理解する一つの手がかりを得ることになる。

三つめとして、新しいカリキュラムが制度設計されてから学習指導要領改訂や制度化事業として教育現場で展開されるまでは、多くの審査や活用調査を経て、タイムラグを伴って入ってくる。内容にもよるが、関係各位に尋ねると定着するまでに三年から五年ぐらいかかるようである。しかしながら、道徳や迷惑をかけない指導については、予算云々というよりも元々人間を社会化する営為と親和性が高いためか、学校施設管理の厳格化とセットになって二〇〇〇年に入ってから流れ込んできた。それを後押しするように、本家の「愛国心」という項目は二〇一五年に道徳教科として台頭してきたが、小学校、中学校、高等学校を通して、いまいちアクチュアリティ、リアリティがない。文部科学省は二〇〇八年からこの徳目に力を入れているが、悲しいほどショボい。やはり私たちにとっては、国家という言葉は身に付いておらず、世間という言葉が身体に刻印されている実態を照射しているのかもしれない。

現在の日本の学校はこういった二層にわたる指導の側面を持っていて、もちろん地域差はあるが、実は現場の教員自身をもやりづらくしている。というのは「一四歳」「一七歳」という言葉は記憶の彼方に沈潜したが、世間体を意識した「迷惑」の内面化教育は義務教育学校を中心に学校施設管理の厳格化とともに粛々と受け継がれている。この内面化教育は学校関係者お互いの手足を縛り、服務も厳格化されてお互いの首を絞め合う構造になっている。児童・生徒の生きづらさは現場教員の働きがい喪失へと直結している。働き方改革で残業時間をなくせば解決するという単純な話ではない。かつて教師と児童・生徒関係を「牧人権力論」で捉える向きもあったが、昭和時代と違って、今の教師には牧人になれるほど権威もないし、先回りすることが多すぎて子どもに対して慈悲や憐憫をかけられる精神的な余裕もない。

このことは「謝り」と「赦し」のない学校化社会へ向かっていくことを意味するのではないだろうか。すると刑事罰はコンテンツとしては単純すぎてつまらない。つまりこれからは行政罰や破廉恥エピソードに対して私たちは過剰な興味と嫌悪感を覚えていくはずである。公園で騒ぐこと然り、電車を撮ること然り、河原で花火をすること然り、赤信号を渡ること然り、である。

行政罰自体は法益という観点からすれば大した罪ではない。それよりも行政法違反者に怒りを感じた時点で「迷惑脳」に変性していることが問題だ。「迷惑脳」は行政法違反や破廉恥に対して、後付けで理由を膨らませて拵える。公園で騒いだために体調不良になった。だから生命を脅かす。電車を撮影する行為は乗客や運転手の生命の危険をもたらす。河原の花火は火災の危険や自然破壊につながる。赤信号を渡ることは、歩行者や運転手の安全を脅かす。

これらのエピソードは私たちの生きる学校化社会ではコンテンツとして好んで消費されやすい。そして「迷惑脳」へと躾けられた人間がSNSで炎上させる「極端な人」へ変身することを私は危惧する。今は極小人数で収まっている「極端な人」の正体を知れば、今後は迷惑指導に順応した児童・生徒が成人になり、「ミニ先生」となって増えていく可能性があるからだ。

またコンテンツの消費過程で「問題」として構築化された案件は、「青少年健全育成」という皮相的タイトルや似かよった聞こえの良い題目で、与党と野党が議論を重ねずに安易に制定してしまう領域なので、かなり注意を要する。若い芽は失敗もするし、過ちも犯す。若い芽を萎縮させるような社会は合計特殊出生率を云々する前に出会い自体が無くなり、少子化はさらに加速する。

　私が鼎談を通して内面化教育について主張した発言は奇しくも、この「今の子どもたちは何が生きづらいのか」の文章を書いている最中に、同じような意識を持って書かれた論考が論壇誌でいくつか掲載された。私の拙い表現では言語化できなかった想いを論文ではそれぞれの言葉を使って鋭く分析しているので、ぜひ末尾の文献を参照されたい。

　鼎談ではまわりくどい見苦しい表現があったかもしれないが、なにぶんライブであるのでご容赦願いたい。

〔参考資料・参考文献〕

石田光規「都市に沈みゆく声なき孤立者たち」『中央公論』二〇二一年七月号
磯部涼「犯人は一人で死ねばいいのか?」『中央公論』二〇二一年七月号
萱野稔人「個人の自由化、社会の利益か?日本のジレンマ」『潮』二〇二一年六月号
文部科学省「平成二九年度児童生徒の問題行動・不登校等生徒指導上の諸課題に関する調査」
文部科学省「平成三〇年度児童生徒の問題行動・不登校等生徒指導上の諸課題に関する調査」
文部科学省「令和元年度児童生徒の問題行動・不登校等生徒指導上の諸課題に関する調査」(https://www.mext.go.jp/b_menu/houdou/mext_00351.html)
厚生労働省「令和元年度版自殺対策白書」(https://www.mhlw.go.jp/content/r1h-1-3.pdf)
警察庁「平成三〇年度版犯罪白書」
日本財団「自殺意識調査(二〇一六年八月)」
日本財団「第二回自殺意識調査(二〇一八年三月)」
日本財団「第三回自殺意識調査(二〇一九年三月)」(https://www.nippon-foundation.or.jp/app/uploads/2019/03/wha_pro_sui_mea_10-1.pdf)
内閣府平成三〇年度「我が国と諸外国の若者の意識に関する調査」

赤羽由起夫「なぜ〈心の闇〉は語られたのか―少年犯罪報道に見る〈心〉の理解のアノミー」社会学評論六四（二）、二〇一三
赤松啓介『夜這いの民俗学・夜這いの性愛論』ちくま学芸文庫　一九九九
阿部謹也『西洋中世の愛と人格―「世間」論序説』朝日新聞社　一九九二
雨宮処凛『雨宮処凛の活動家健康法―「生きづらさ」についてしぶとく考えてみた』言視舎　二〇一九
岩井克人『資本主義を語る』ちくま学芸文庫　一九九七
岡田斗司夫『フロン』海拓社　二〇〇一
落合恵美子、小島宏、八木透編『歴史人口学と比較家族史』早稲田大学出版部　二〇〇九
管賀江留郎『戦前の少年犯罪』築地書館　二〇〇七
桐野夏生「不寛容の時代」朝日新聞朝刊　二〇二〇年一二月一五日付
斎藤貴男『源泉徴収と年末調整』中公新書　一九九六
斎藤環『承認の病』日本評論社　二〇一三
佐藤悦子『夫婦療法―二者関係の心理と病理』金剛出版　一九九九
貞包英之・元森絵里子・野上元『自殺の歴史社会学』青弓社　二〇一六
ジェイムス・フリン『なぜ人類のＩＱは上がり続けているのか』太田出版　二〇一五
ジャック・ドンズロ『家族に介入する社会』新曜社　一九九一
新谷尚紀『都市の暮らしの民俗学―都市の光と闇』吉川弘文館　二〇〇六
鈴木謙介『サブカル・日本の新自由主義―既得権批判が若者を追い込む』ちくま新書　二〇〇八
高村薫「地に足をつけて」朝日新聞朝刊　二〇一三年七月五日付
ダグラス・ノース『制度原論』東洋経済新報社　二〇一六
筑摩書房編集部『コロナ後の世界―真の危機とは？未来はどうなるのか？』筑摩書房　二〇二〇
津田大介解説「論壇時評」朝日新聞一三面　二〇二〇年六月二五日付
デイビッド・エルカインド『急がされる子どもたち』紀伊國屋書店　二〇〇二
土井隆義『友だち地獄―「空気を読む」世代のサバイバル』筑摩書房　二〇〇八
土井隆義『少年犯罪減少のパラドクス』岩波書店　二〇一二
土井隆義『「宿命」を生きる若者たち―格差と幸福をつなぐもの』岩波ブックレット　二〇一九
内藤朝雄・荻上チキ『いじめの直し方』朝日新聞出版　二〇一〇
中島岳志『秋葉原事件』朝日文庫　二〇一三
中村雄二郎・河合隼雄『トポスの知』ＴＢＳブリタニ

カ　一九九三
中室牧子『学力の経済学』ディスカバリートゥェンティワン　二〇一八
早坂泰次郎『関係性の人間学―良心的エゴイズムの心理』川島書店　一九九四
早坂泰次郎『人間関係学序説』川島書店　一九九五
古市憲寿『絶望の国の幸福な若者たち』講談社　二〇一一
堀裕嗣『スクールカーストの正体』小学館新書　二〇一五
本田和子『異文化としての子ども』紀伊国屋書店　一九八二
メアリ・ダグラス『汚穢と禁忌』ちくま学芸文庫　二〇〇九
山岸俊男、メアリー・ブリントン『リスクに背を向ける日本人』講談社現代新書　二〇一〇
山口真一『正義を振りかざす「極端な人」の正体』光文社新書　二〇二〇
湯浅誠、河添誠編『「生きづらさ」の臨海』旬報社　二〇〇八
リュス・イリガライ『一つではない女の性』勁草書房　一九八七
レイ＝オルデンバーグ『サードプレイス』みすず書房　二〇一三

鼎談のあと

高橋良臣

鼎談の体験は初めてのものでした。特別な緊張もなく、私なりになめらかな喋りができたと思っています。

今日まで、カウンセラーとして来談された方のお話に耳を傾けて聴く立場にいたことが多く、自分が喋ることは少なかったと記憶しています。

カウンセラーとしては来談された方に「これは伝えたかった」「あのように話しておけばよかった」等々の後悔することが多かったのですが、今回は、話したいことは話せたという思いで、すっきりした気分が心に残りました。

私の得意とするのは不登校やいじめや引きこもりの分野です。いずれも「生きにくさ」をかかえている子どもや人々です。

私自身は、そのような人々と出会い、彼らを支援する立場に立って、教師や親と対峙することが多かったと覚えています。そんな時、私自身が異端児であって、社会の正統派からは遠く離れているのではないかと考えてしまったこともありました。

いつだって子どもたちは生きづらい

天童荒太

わたしは、これまでの人生の中で、中学・高校の頃が最もつらかった。

中高と校則が厳しかったこともあるが、学校という秩序と管理が優先される場所で、内申および偏差値を主とする成績と、校則にのっとった品行という、二つの基準によって、どういう生徒か評価が下されるばかりか、まるで人間のランク付けまでされるような日々に、あえぐような息苦しさと、身もだえしそうなほどの窮屈さを感じていた。

これという理由もなく、突然学校に来なくなる生徒が、ことに高校では複数いたが、わたしと同じように感じていたのかもしれない。ギリギリの感覚で日々を過ごし、ようやく高校を卒業したとたんに、驚くほどラクになった。狭い価値観で評価してくる大人はいない。くだらないことにまで枠をはめて管理を押しつけてくる、拘束と呼ぶにふさわしい校則も消えた。晴れ晴れとした。

　つらい日々をしのげたのは、わたしの場合、一つは、ごく少数だったが親友と呼べる仲間がいたからだ。つまらないバカを言い合って笑ったり、愚痴を言い合ってガス抜きをしたりすることで救われた。もう一つは、好きなことがあったことだ。小学校高学年から中学にかけて映画が好きになり、高校一年の秋に映画監督になる夢を抱いた。高校二年のとき年間二〇〇本以上を映画館で観たし、放課後はもちろん授業中にもノートにこっそりシナリオを書くようになった。つまり学校の外に、自分の世界ができた。数学のテストの点がひどく悪くて、担当教師から、こんな点を取るなんて「人間じゃないよ」とまで言われたが、真の自分は学校の外にいる、と思っていたことで耐えられた。

　コロナ禍の最中での高橋良臣さん、川場哲也さんとの鼎談を終えて、約半年後、母校の高校生約千人と言葉のやりとりをする機会があった。

　母校の創立一二〇周年の記念講演に呼ばれたのだが、その際、生徒さんからの質問を三学年各クラス一問ずつ受けて、対する答えを講演内容にすることにした。ふだん若い人と言葉を交わすことはないので、興味深い機会だと期待していたが、新型コロナウイルスの感染状況の悪化によって旅行が制限され、直接会うことはできなくなった。代わりに、先にビデオ撮影した生徒さんの質問に、わたしが答えを返してゆく動画を撮って、学校の各教室で生徒さんに視聴してもらう形となった。

三〇近い質問の中で、「高校時代の自分に、どんなことを伝えたいか」という問いがあった。わたしは、冒頭に記した、中学高校のときが最もつらかったが、友人と好きなものとで救われたこと。加えて、映画の道なんて生活ができないと親に反対され、強く後押ししてくれる存在もいなかったため、将来の不安がつねにつきまとい、しぜんとブレーキを踏む自分がいたことを語った。だから、あの当時の自分に言いたいこととして、

「好きなことを、もっともっとノンブレーキで追っかけろ、もっとやれ、ブレーキなんか踏むな、と、かつての自分に言いたいです」「みなさんも好きなことがあるなら追いかけてほしい。ないなら見つけてほしい。好きなことは、あなたを助けてくれると思います」

と伝えた。理由は、この鼎談の中でも語っている。自分だけではなく、多くの人の人生を見てきて思うことだが、好きなことを究めてゆくと、コネや仲間が生まれて、世界が広がり、生活の道が増えてゆく。たとえ好きな道では難しくても、関連した何かしらの仕事で食えていけるようになる。結果、好きなことは当人を助けてくれる。わたし自身、当初の夢では生活できなかったが、物語を作るという基礎的な技術が育っていたことが、今の仕事に就く大きな助けとなっている。

その際、と、これも母校の生徒さんたちに語っ

たことだが、

「自分が好きなことと、自分に向いていることは、必ずしも一致しません。むしろ、好きなことと向いていることが一致するのは、ごく限られた人に訪れる幸せだと思います。好きなことか向いていることか、進路に迷ったら、向いていることに専心してほしい。なぜなら、向いているというのは、望まれている、ということでもあるからです。わたしは小説の世界に望まれたのでしょう。あなた方一人ひとりにも向いている仕事、向いている世界というものがあります。それはあなた方の存在を望んでいる世界でもあります。そのときはどうか力を注いでみてください。思いもかけない豊かな世界が広がると思います」

　この動画の視聴後、多くの生徒さんが感想をしたため、学校側がまとめてわたしに送ってくださった。「好きなことは、あなたを助ける」という話と、「向いているというのは、望まれているということ」という話は、とくに生徒さんの反響が大きかった。

　ほかに送られてきた感想で目立ったのは、「一〇代で挫折することは大切か」という質問に対する、「全然大切だと思わない」というわたしの答えだ。

「（挫折が大切なのではなく）挫折をすれば、確実に心が傷ついているので、からだの傷と同様、休んで、自分に優しくして、挫折体験の傷をちゃんと癒し、また歩き始められるようになることこそが大切です」「人は、心の傷にとても無頓着です。根性で何とかなると思っている人さえいる。また、自分が平気だと、相手も平気だと思ってしまう。傷の受け止め方は人によってそれぞれで、早く立ち直れる人もいれば、繊細ゆえに少し時間がかかる人もいる。時間がかかったから、弱いということではない。むしろん根性も関係ない。体質だと言えば認められるものが、心だと認められないのは不思議です」

高校生たちは、ふだんから大人や社会の常識により、挫折が人を強くする、といったメッセージを受け続けてきたのだろう。常識と違うことを言われ、はっとしたようだった。

関連して、これまでぶつかった壁について問われた際、わたしは以下のように答えた。

「壁にはすごくぶつかったし、いまもぶつかっています。実は高い目標や夢を持っているから壁が出てくるし、目標の高さに合わせて壁も高くなる。ただ、壁は正面からぶつかることや、乗り越えることだけが大切じゃない。横にかわしたっていい」

わたしは、一時は夢が叶ってプロの脚本家になれたが、当時の映画界は経費や契約事にルーズで、いろいろな面で自分の能力を発揮してゆける場所ではないと知ったときが、これまでで一番の壁だった。この壁に正面からぶつかったところで、押しつぶされるだけと見切りをつけ、横にかわしたことで、小説家への道が開けた。なので、

「みなさんも、壁は横にずれたら、なくなる、ということを頭に入れておいてください」

「そして、もう一つアドバイスですが、逃げたかったら逃げてください。これまで一度も逃げたことがないと言える大人に、わたしは会ったことがありません。誰もが何度か逃げているものです。オリンピック・パラリンピックのメダリストとか、学術分野で賞をもらうような人は、逃げずに努力したのだと思うかもしれませ

んが、彼女や彼らは、逃げなかったのではなく、自分が出会った競技や研究分野から逃げたくなかったのです。大事なのは、逃げないことではなく、ここからは逃げたくない、と思える場所や人に出会うことです。逃げたくない場所や人に出会うために、逃げることを悪く思わないでいいです」

これらの言葉に共感してくれた生徒さんからは、心が軽くなった、救われた、これから先の人生が楽しみになった、という感想をいただいた。

対人関係の悩みも、複数質問された。「人の噂話や悪口が気になる」「苦手な人とうまく付き合えない」。対応に困っていることがうかがえたので、以下のように答えた。

「基本、人の話は話半分で聞いておく、というのをお勧めします。他人の噂や悪口に含まれている評価は、自分が直接見聞きしているわけではない。話している人間も、また聞きだったりするので、そういう話もあるんだといった程度で受け流し、本当のところは、自分が直接見聞きしたことだけを信じる。むしろ噂の対象の人物より、話している人間のことをよく見てください。人のことをどんなふうに見て、どういった感じで話す人物なのか。それによって信用しうるか、自分の本音を打ち明けていいかどうか、見定めてください」

「ここ最近の傾向ですが、若い人たちはコミュニケーション能力に対して、評価し過ぎだし、今の社会はコミュニケーション能力というものを誤解しています。コミュ力とは、相手から伝えられる知識や感情を含めた情報を、ちゃんと受け取り、適応する答えを返すということだけで、誰とでも仲良く、というのは関係ありません。この能力は大きく二つのタイプに分けられます。Aタイプは、一対一や少人数での交際が得意で、相手と長く深く付き合えるタイプ。Bタイプは、大勢との交際が得意ですが、一対一とか少人数の交際を、深く長くつづけることが苦手。そしてこのタイプ分けは、遺伝子ですでに五〇%以上固定されている、との研究が出ています。つまり、誰とでも仲良く話せないのは、あなたの責任ではない。遺伝子レベルで、少人数の人と深く長い付き合いのできる人になっている。気が楽になりませんか」

「自分にあった付き合いをしていけばいいいと思います。Aタイプの人は、友だちや家庭を大事にできるタイプです。少しずつ多くの人とも話せるようにトレーニングする気になれば、仕事の幅も広がるでしょう。Bタイプの人は、一対一の付き合いを深められるように努力すれば、仕事も家庭も幸せになるのではないでしょうか」

この答えにも、ほっとした、気持ちが軽くなった、という感想を多くいただいた。

若い人の生きづらさとは、保護者や教師、同級生らを含めた身近な人たち、またさまざまな文化的な言説や、マスメディアや漫画・ドラマなどの表現を通じて発信されている、常識とされているもの、こうでなければいけない、そうあるべきで、そのほうが好かれる、評価される……といった、実際には根拠のあやふやな、長期にわたる（たぶん戦前辺りからつづく）集団幻想というか、集団の思い込みによる、有形無形の圧力によって、もたらされている面が大きいのではないかと、生徒さんたちとの言葉のやりとりから感じた。

常識を疑うことに一つの存在意義がある小説家が、そんなふうに考える必要はない、こういう考え方もあるよ、と固定観念を覆したり揺さぶったりする答えを返したことで、高校生たちは、新鮮な驚きと、これまでとは違う生き方へのヒントを得たようだった。

わたしは、高校時代に、もしもこんなことを話してくれる大人がいたら、どれほど救いになっただろうか……という想いを込めて、若い人たちと向き合った。

約四五年前の、わたしが中高生の頃もそうだったが、若い人が直接出会う人生の経験者というのは、ほぼ保護者と教職員に限られる。そのことが、若い人のものの見方、考え方、価値観を狭くし、本来悩まずにすむものを悩み、ときには生きづらさに傾いてしまう面があるのではないだろうか。

いろいろな人生の経験者が、もっと若い人たちの前に立つべきだと思う。月に一度でも、教師ではない大人たちの話を聞く機会があれば、変化は少しずつでもあらわれるのではないか……教育関係者にはぜひ検討してもらいたい。

人生は、若い人たちが想像している以上に、自由で、失敗してもやり直しがきき、多種多様な選択が可能なのだと知ることで、生きることが楽しく、かつ期待に満ちたものに変わっていく可能性がある。


教育の門外漢であるわたしを、鼎談の席に呼んでくださった高橋さん、川場さんに、心から感謝します。小説家という立場から、あまのじゃく的な進行をするわたしに、寛容に付き合い、つねに冷静に、温かく接してくださり、とても救われたうえ、実に楽しい時間を過ごせました。貴重な経験を、本当にありがとうございました。

今回の機会を提供してくださった金剛出版、および編集の労を取ってくださった同社の梅田光恵さんに、深く感謝申し上げます。

この本が、ふだんとは違う人との出会いに似た経験を、より多くの読者にもたらすことができたならば、なによりの喜びです。

追記

このあとがきの文章を書き終え、出版社に送ろうとしたところで、川場さんから、高橋さんが突然の病気で亡くなられたことを、メールでお知らせいただきました。

刊行にあとわずかなところでの訃報に、大変ショックを受けています。


この鼎談で、はじめて高橋さんにはお会いしたのですが、それまでにふれていた複数の著作同様、いや、それにも増して、優しく、ユーモアに満ち、かつ柔軟な正義感と、誠実な倫理観の持ち主であられました。

コロナ禍であったため、鼎談後に一緒に食事をするということもなく、慌ただしくお別れしていました。本の刊行後に、打ち上げを兼ねて、ゆっくり食事をしながらお話をあらためてうかがいたいと思っていたのに……その願いはもう叶わず、残念でなりません。

高橋さんの、寛容な笑顔、物腰柔らかい態度と、優しく人を包み込むような語り口を、いまも思い出します。短かったけれど、とても良い出会いだったと、心の底から感じております。

謹んでご冥福をお祈りいたします。

おわりに

川場哲也

ちょうど激甚被災校の支援をしていた時期に虫の知らせのようなことばかり立て続けに起こって、何か不思議に感じていた頃があった。そんな時、私が戸惑ったすえに相談した先輩や同僚の臨床家は天童荒太さんの作品を強く薦めてきた。多くの登場人物が織りなす複数の舞台を交差、シンクロさせるアプローチを使って人間の深層を描き出す天童作品は大半がドラマ化、映画化されていた。だから、天童さんとお会いできたことはなぜか偶然の必然という感覚を覚えた。天童さんの問いかけはラディカル（根源的）であり、自明性の罠(わな)に陥っていた自分をあらためて思い知らされた。学生時代に師が「人間理解においては文学や小説に勝るものはない」と打ち明けていたことを思い出す。

高橋良臣さんは獣医師であり、牧師でもある。黒柳徹子さんの「徹子の部屋」に何度か出演されている映像を観たことがある。初めてお会いした時は腰の低い態度の方で、Gパンにヒッピースタイルだった。高橋さんはご自身をチェリー（錯乱坊）と呼んでいるとおり、私のような朴念仁(ぼくねんじん)が突っ込んで問うても柳に風となり、何か禅問答をしている感覚に陥ってしまう。多彩な職歴を併せ持っているので、学校や教育という枠組みから外れて、一〇代の子どもとその家族について、高橋さんは不登校の支援を始めた四五年前と比べながら語ってくださった。

今回、精神保健福祉の仕事にたずさわっている宇野宗道さんと石割美奈子さんには鼎談設定に向けてご協力をいただいた。宇野さんには鼎談プロットの査読をお願いし、石割さんには資料、データのリサーチをお願いした。お二人に感謝を申し上げたい。

金剛出版の梅田光恵さんとは、早坂泰次郎先生の五〇年間続いたＩＰＲ（インターパーソナルリレーションシップトレーニング）研究会の閉会式でお会いした。初めての緊急事態宣言直後だったが、快く企画を聞いていただいた。今は亡き早坂先生が繋げてくださったと思う。鼎談の実現に向けて、収録場所のコロナ対策を含めて多大なるご尽力いただいた編集担当の梅田さんと、鼎談企画を承諾してくださった金剛出版の立石正信氏に深く感謝申し上げたい。

そしてコロナウイルス蔓延防止に対する緊急事態宣言を受けて、初めて全国の学校が休校になった。その時だれが子どもとその家庭を支えてくれたのか。それは全国の学童指導員スタッフである。エッセンシャルワーカーの子どもたちを含めて学童指導員スタッフが感染リスクを負いながら、身体を張って守ってくれたのだ。声を大にして感謝申し上げたい。

追記

鼎談者の高橋良臣さんが鼎談収録後に逝去された。高橋さんの執筆された「鼎談のあと」が遺稿となった。生前のご本人の生き様や志（こころざし）に触れている文章なので、未完成ながら掲載した。謹んでご冥福をお祈り申し上げたい。

◆著者紹介

天童荒太（てんどう・あらた）
愛媛県松山市生まれ。一九八六年『白の家族』で第一三回野性時代新人文学賞を受賞して文壇デビュー。一九九三年に『孤独の歌声』で第六回日本推理サスペンス大賞優秀作、一九九六年に『家族狩り』で第九回山本周五郎賞、二〇〇〇年にはベストセラーとなった『永遠の仔』で第五三回日本推理作家協会賞を受賞。また、二〇〇九年に『悼む人』で第一四〇回直木賞を受賞、二〇一三年『歓喜の仔』で毎日出版文化賞を受賞。

高橋良臣（たかはし・よしおみ）
臨床心理士、牧師、獣医師。「ねむの木学園」講師などをしながら、一九七二年五月から登校拒否の子どもたちと生活をともにしてきた。あわせて、家族、教師、医師らと連携。親が子どもの心を理解するために、全国に親の会を設立し、講師として協力。
一九八二年からは、登校拒否文化医学研究所所長として、自主型教室「好文堂」、生活体験のための大須成学園（ともに文部科学省研究委託施設）を運営。メンタルフレンド（引きこもっている子どもの要請に応じて、かかわることのできる人）の研修会を一九八二年から行い、引きこもっている子どもの家庭に派遣し、多くの成果を上げてきた。
また、思春期担当として協力。対人関係療法、動物介在療法に基づいた援助を実践。
教育委員会、精神保健機関、医療機関の講師として、
［主な著書］『いじめは待ってくれない』（ぎょうせい）、『登校拒否にかかわる25の視点』『「生き方探し」としての登校拒否の研究』（学事出版）、『登校拒否・引きこもりの二次的反応』（ほんの森出版）、『登校拒否児と生きて』（国土社）、『不登校・引きこもりのカウンセリング』（金子書房）など。
［共著］『不登校・引きこもりの日常』（ほんの森出版）、『ＩＣＴ社会の人間関係と心理臨床』（川島書店）など。

川場哲也（かやば・てつや）
私立学校スクールカウンセラーや各種医療機関勤務を経て、宮城県教育委員会県外緊急派遣カウンセラー（二〇一一〜二〇一六年）。福島県教育委員会県外緊急派遣カウンセラー（二〇一一〜二〇一六年）。立教大学社会福祉研究所研究員。日本ファミリーセラピー研究会会員。精神保健福祉士。特別支援教育士。

鼎談（ていだん） なぜ子どもたちは生きづらいのか
「いま」を生き抜くためのヒント

２０２２年２月１日　印刷
２０２２年２月10日　発行

著者――天童荒太
高橋良臣
川場哲也

発行者――立石正信
発行所――株式会社　金剛出版
〒１１２－０００５
東京都文京区水道１－５－16
電話　０３－３８１５－６６６１
振替　００１２０－６－３４８４８

装丁◉臼井新太郎　装画◉サカイヒトミ
印刷・製本◉モリモト印刷

ISBN978-4-7724-1869-0 C3037
Printed in Japan ©2022